Berliner Platz

NEU

Deutsch im Alltag

Einstiegskurs

Susan Kaufmann
Lutz Rohrmann
Annalisa Scarpa-Diewald

In Zusammenarbeit mit
Christiane Lemcke

Ernst Klett Sprachen

Stuttgart

Von
Susan Kaufmann, Lutz Rohrmann, Annalisa Scarpa-Diewald
Aussprachetrainings: Christiane Lemcke

Redaktion: Annalisa Scarpa-Diewald und Lutz Rohrmann
Gestaltungskonzept und Layout: Andrea Pfeifer
Umschlaggestaltung: Svea Stoss, 4S_art direction
Coverfoto: iStockphotos hsvrs
Illustrationen: Nikola Lainović

Für die Audio-CDs:
Tonstudio: Plan 1, München
Aufnahme, Schnitt, Mischung: Christoph Tampe und Markus Zull
Koordination und Regie: Annalisa Scarpa-Diewald
Sprecher und Sprecherinnen: Anne Bergmann, Marco Diewald, Werner Diewald,
Berthold Götz, Regina Kamberow-Thiemann, Mônica Krausz-Bornebusch,
Detlef Kügow-Klenz, Mia Preyss, Annalisa Scarpa-Diewald, Theo Scherling,
Anne-Kathrein Schiffer, Axel Schiffer, Helge Sturmfels, Mike Thiemann,
Vincent Thiemann, Peter Veit, Sabine Wenkums, Laura Worsch, Anne Zips, Laura Zöphel

Am Klavier: Berthold Götz

Verlag und Autoren danken Eva Harst, die den Einstiegskurs zu *Berliner Platz NEU* begutachtet und mit wertvollen Anregungen zur Entwicklung des Lehrbuches beigetragen hat.

Einstiegskurs – Materialien	
Einstiegskurs (Kurs- und Übungsbuch, mit 2 Audio-CDs)	606309
Einstiegskurs Plus (Zusatztraining)	605309
Bildkarten (138 Fotos und Zeichnungen)	605999
Online-Material unter www.klett-sprachen.de/berliner-platz/einstiegskurs: Lehrerhandreichungen, Arbeitsanweisungen in vielen Sprachen, Kopiervorlagen, Transkripte, Lösungen, Wortlisten, Audio-Materialien (mp3)	

**Audio-Dateien als mp3-Download unter www.klett-sprachen.de/berliner-platz/medienA0
Code: bpnEK@LaS**

1. Auflage   1⁸ ⁷ ⁶ | 2025 24 23

© Ernst Klett Sprachen GmbH, Rotebühlstraße 77, 70178 Stuttgart, 2023
Erstauflage erschienen bei Klett-Langenscheidt GmbH, München, 2013

Satz: Franzis print & media GmbH, München
Gesamtherstellung: Elanders GmbH, Waiblingen

ISBN 978-3-12-606309-8

Das lernen Sie in *Berliner Platz NEU* – Einstiegskurs

1 Hallo!

1 Guten Tag

⊙ 1.1   **a Hören Sie und lesen Sie.**

⊙ 1.1   **b Hören Sie und sprechen Sie nach.**

⊙ 1.2   **c Hören Sie und schreiben Sie.**

~~Guten Morgen~~ • Guten Abend • Guten Tag • Guten Morgen

Guten Morgen, Finn.

_____ _____, Marie.

👩 Guten Tag, Frau Schuster.

👩 _ _ _ _ _ _ _ _ _, Herr Florescu.

👨 _ _ _ _ _ _ _ _ _ _ _, Herr Florescu.

👨 Guten Abend, Herr Santana.

⊙ 1.3 **d Schritt für Schritt – Üben Sie.**

… <u>Schus</u>ter. → … Frau <u>Schus</u>ter. → Guten Morgen, Frau <u>Schus</u>ter.
… <u>Schmidt</u>. → … Herr <u>Schmidt</u>. → Guten Abend, Herr <u>Schmidt</u>.

2 Auf Wiedersehen

⊙ 1.4 **a Hören Sie und ordnen Sie zu.**

Auf Wiedersehen, Frau Pereira.

Tschüs, Gül.

Tschüs, Ewa.

Tschüs, Gül.

Tschüs, Pablo.

Auf Wiedersehen, Frau Schuster.

Ⓐ   Ⓑ   Ⓒ

1   2

b Spielen Sie: würfeln – begrüßen – verabschieden.

1   2

Hallo.

3 Ich heiße ...

a Hören Sie und ordnen Sie zu.

🧑 Guten Morgen. Ich heiße   Pablo Santana.

🧑 Guten Morgen,   Ute Schuster.

🧑 Ich heiße   Herr Santana.

🧑 Guten Morgen,   Frau Schuster.

b Wer sagt was? Hören Sie und schreiben Sie.

_____

Guten Morgen. Ich heiße Ana Pereira.

_____

_____

🧑 ~~Guten Morgen. Ich heiße Ana Pereira.~~

🧑 Ich heiße Pablo Santana.

🧑 Wie heißen Sie?

🧑 Guten Morgen, Frau Pereira.

c Wie heißen Sie? Schreiben Sie.

● Ich h e_____ _____ .

> heißen
> **ich** heiße
> **Sie** heißen

d Üben Sie.

Ich heiße Gül Parlak. Wie heißen Sie?

Ich heiße ... Wie ...?

Ich heiße Pablo Santana. Wie heißen Sie?

4 Das Alphabet

1.7 **a Hören Sie und lesen Sie.**

A a	B b	C c	D d	E e	F f
G g	H h	I i	J j	K k	L l
M m	N n	O o	P p	Q q	R r
S s	T t	U u	V v	W w	X x
Y y	Z z	Ä ä	Ö ö	Ü ü	ß

1.8 **b Hören Sie. Markieren Sie in der Tabelle in 4a.**

1.9 **c Hören Sie und singen Sie mit.**

a be ce de e ef ge

ha i jot ka el em en o pe

qu er es te u vau we

ix ypsilon zet

a be ce de e ef ge

und das ist das ABC.

1.10 **d Was hören Sie? Kreuzen Sie an.**

1. OBI ☒   2. □   3. □   4. Umleitung □

Bio □   Bayer Leverkusen □   VW □   Umwelt ZONE □

1.11 **e Diktat. Hören Sie und schreiben Sie.**

● H_a_l_l_o_, G__ __.

○ G__ __ __ __   M__ __ __ __ __ __, P__ __ __ __.

5 Wie schreibt man das?

⊙ 1.12 **a Hören Sie und ergänzen Sie.**

🔲 Ich _h_____ Pablo Santana.

🔲 **Wie** _____ Sie?

🔲 Pablo Santana.

🔲 _____ schreibt man das?

🔲 Pablo Santana.

⊙ 1.13 **b Schritt für Schritt – Üben Sie.**

… Sie? → … heißen Sie? → Wie heißen Sie?
… das? → … schreibt man das? → Wie schreibt man das?

c Schreiben Sie ei oder ie.

● Ich h _e_ _i_ ße Ana Pereira Veloso.

○ Wie bitte? W __ __ h __ __ ßen Sie?

● Ana Pereira Veloso.

○ W __ __ schr __ __ bt man das?

● Ana Pereira Veloso.

○ Danke, auf W __ __ dersehen.

⊙ 1.14 **d Hören Sie ie oder ei?**

1. ie   ~~ei~~   3. ie   ei

2. ie   ei   4. ie   ei

e Schreiben Sie richtig.

Ich/heiße/Gül./WieheißenSie?Wieschreibtmandas?Danke.

Ich heiße Gül.

f Fragen Sie und ergänzen Sie.

● Hallo. Ich heiße _____ .

○ Wie heißen Sie?

● _____ .

○ Wie schreibt man das?

● _____ .

g Lesen Sie die Dialoge aus 5f zu zweit vor.

6 Wie geht es Ihnen?

○ 1.15   **a Hören Sie und sprechen Sie nach.**

Wie geht es Ihnen?

Sehr gut.

Gut.

Es geht.

b Ergänzen Sie die Frage und antworten Sie.

● ___Wie___ _____ ___es___ _____ ?

○ _____ .

○ 1.16   **c Hören Sie und sprechen Sie nach. Markieren Sie _ lang oder . kurz.**

	lang	kurz
Herr • man • bitte	☐	☒
heißen • gut • wie	☐	☐
hallo • und • ich	☐	☐
geht • Ihnen • Abend	☐	☐
schreiben • Morgen	☐	☐

○ 1.17   **d Hören Sie und ergänzen Sie.**

wie • Gut • ~~geht~~ • geht • gut

👤 Guten Morgen, Frau Schuster.
  Wie ___geht___ es Ihnen?

👤 Hallo, Herr Florescu. _____ , danke.
  Und wie geht es Ihnen?

👤 Es _____ .

👤 Hallo, Frau Kul, und _____ geht es Ihnen?

👤 Danke, _____ .

e Und wie geht es Ihnen?
  Fragen Sie und antworten Sie.

Guten Morgen. Wie geht es Ihnen?

Hallo. Gut, danke. Und wie geht es Ihnen?

Sehr gut, danke.

1 Das Alphabet

⊙ 1.18 **a Hören Sie und markieren Sie den Vokal _ lang oder . kurz. Sprechen Sie.**

a	b	c	d	e	f	g	h	i
ah	be	ce	de	eh	ef	ge	ha	ih

j	k	l	m	n	o	p	q	r
jot	ka	el	em	en	oh	pe	qu	er

s	t	u	v	w	x	y	z
es	te	uh	vau	we	ix	ypsilon	zet

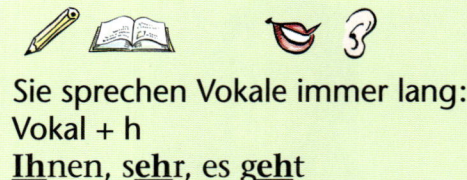

Sie sprechen Vokale immer lang:
Vokal + h
Ihnen, s**eh**r, es g**eh**t

b Buchstabieren Sie. Wiederholen Sie die Übung.

Berliner Platz • Schuster • Kamberow

2 Satzmelodie – Fragen und Antworten

⊙ 1.19 **Hören Sie und achten Sie auf die Satzmelodie. Sprechen Sie.**

- ● Wie heißen Sie?↗
- ● Bitte?↗ Wie bitte?↗
- ● Und wie schreibt man das?↗

- ○ Michael Postert.↘
- ○ Michael Postert!↘
- ○ MICHAEL und dann POSTERT.↘

Hallo

Guten Morgen, Frau Schuster.
Guten Tag, Herr Santana.
Guten Abend.
Hallo.
Auf Wiedersehen.
Tschüs.

Ich heiße …

Wie heißen Sie?
Ich heiße Ewa Kul.

Wie bitte?

Wie bitte?
Wie schreibt
  man das, bitte?
Danke.
Bitte.

Grammatik

Personen

ich
Sie

Ich heiße Schuster.

Wie heißen Sie?

Verben: Endungen

ich ...**e**   **ich** heiß|**e**   Sie ...**en**   **Sie** heiß|**en**

W-Frage und Antwort

Wie heißen Sie?   Ich heiße Pablo Santana.
Wie schreibt man das?   P-a-b-l-o S-a-n-t-a-n-a
Wie geht es Ihnen?   Gut.

Groß schreiben

Am Anfang   **W**ie heißen Sie? **G**uten Tag.
nach . ! ?   **W**ie heißen Sie? **G**uten Tag.
Namen   **P**ablo, **S**chuster, **B**erlin
Nomen   **M**orgen, **F**rau, **H**err

Lernen lernen

schreiben

markieren

korrigieren

ins Heft schreiben

lesen

übersetzen

Wörter lernen

Land und Stadt

2

1 Ich komme aus ...

1.20   **a Hören Sie und lesen Sie.**

> Ich heiße Gregori Florescu.
> Ich komme aus Rumänien, aus Bukarest.

> Ich heiße
> Pablo Santana.
> Ich komme aus Bolivien,
> aus La Paz.

> Ich heiße
> Ana Pereira Velo
> Ich komme aus Bra
> aus Fortaleza

> Hallo, ich heiße Ute Schuster.
> Ich komme aus Deutschland, aus München.
> Woher kommen Sie?

b Woher kommen Sie? Sprechen Sie.

Ich komme	aus Bolivien, Deutschland, …
Ich komme	aus **der** Türkei.

ich komm**e**	Sie komm**en**
ich heiß**e**	Sie heiß**en**
ich **bin**	Sie **sind**

1.21   **c Was hören Sie? Kreuzen Sie an.**

Ⓐ

Ⓑ

Ⓒ

Ⓓ

☐ aus Belgien
☒ aus Indien

☐ aus Ghana
☐ aus Gambia

☐ aus Thailand
☐ aus Finnland

☐ aus Pakistan
☐ aus Afghanistan

Ich heiße Jussuf Al-Samir.
Ich komme aus Marokko,
aus Casablanca.

Ich heiße Gül Parlak.
Ich komme aus der Türkei,
aus Izmir.

Ich heiße Ewa Kul.
Ich bin aus Polen, aus Danzig.

d Schreiben Sie die Frage.

kommen • ~~Woher~~ • Sie   <u>Woher</u> _____ _____?

⊙ 1.22   **e Schritt für Schritt – Üben Sie.**

… Sie? → … <u>kom</u>men Sie? → Woher <u>kom</u>men Sie?
… aus <u>Portugal</u>. → … komme aus <u>Portugal</u>. → Ich komme aus <u>Portugal</u>.

f Fragen Sie im Kurs.
Machen Sie eine Kursliste.

Wie heißen Sie?

Ich heiße …
und komme aus …,
aus …

Woher kommen Sie?

Name	Land	Stadt
Gül Parlak	Türkei	Izmir

2 Die Zahlen

⊙ 1.23 **a Hören Sie und ordnen Sie zu.**

Ⓐ 1 2 3 4 5 6 7 8 9 10, ich komme!

Ⓑ 1 2 und 1 2 3 4

Ⓒ 10 9 8 7 6 5 4 3 2 1! Prost Neujahr!

Ⓓ 1 2 3 4 5 6 7 8 und noch einmal: 1 2 3 4 5 6 7 8

⊙ 1.24 **b Hören Sie und sprechen Sie mit.**

Ⓐ		
eins	zwei	drei
1	2	3

Ⓑ			
eins	zwei	drei	vier
1	2	3	4

Ⓒ					
eins	zwei	drei	vier	fünf	sechs
1	2	3	4	5	6

⊙ 1.25 **c Hören Sie. Ergänzen Sie die Zahlen. Sprechen Sie nach.**

0	1				5	
Null	eins	zwei	drei	vier	fünf	sechs
			10			13
sieben	acht	neun	zehn	elf	zwölf	dreizehn
14						20
vierzehn	fünfzehn	sechzehn	siebzehn	achtzehn	neunzehn	zwanzig

⊙ 1.26 **d Hören Sie und sprechen Sie nach.**

ie vier • vierzehn • sieben • siebzehn
ei eins • zwei • drei • dreizehn
eu neun • neunzehn
eh zehn • dreizehn • vierzehn • fünfzehn • sechzehn • siebzehn • achtzehn

e Markieren Sie wie im Beispiel.

drei zehn

13	14	15	16	17	18	19
dreizehn	vierzehn	fünfzehn	sechzehn	siebzehn	achtzehn	neunzehn

3 Meine Telefonnummer

⊙ 1.27 **a Hören Sie und ergänzen Sie die Zahlen.**

● Hallo, Herr Santana. Wie geht es Ihnen?
○ Hallo, Frau Kul. Gut, danke. Und Ihnen?
● Auch gut, danke. Entschuldigen Sie, bitte, wie ist Ihre Telefonnummer?
○ Meine Telefonnummer ist

  0 _ _ _ _ _ _ _ _ _ _ _ . Und Ihre?
● Meine Nummer ist

  _ _ _ _ _ _ _ _ _ _ .
○ Danke.
● Aber gerne!

b Schreiben Sie die Frage richtig.

WieistIhreTelefonnummer,bitte?

Wie _____

⊙ 1.28 **c Was ist richtig? Hören Sie und kreuzen Sie an.**

1. 030 45 76 98	~~Richtig~~	Falsch
2. 0221 33 33 567	Richtig	Falsch
3. 08456 17 99	Richtig	Falsch
4. 0771 44 22 24	Richtig	Falsch

⊙ 1.29 **d Schritt für Schritt – Üben Sie.**

… Telefonnummer? → … Ihre Telefonnummer? → Wie ist Ihre Telefonnummer?
… 25 88 86. → … ist 25 88 86. → Meine Telefonnummer ist 25 88 86.

e Fragen Sie und schreiben Sie.

Wie ist Ihre Telefonnummer?

Meine Telefonnummer ist 0175 11 54 67.

meine Telefonnummer
Ihre Telefonnummer

4 Meine Stadt, mein Stadtviertel

1.30 **a Hören Sie und sprechen Sie mit.**

Frau Kul, wo wohnen Sie?

Ich wohne in Frankfurt.

Wo in Frankfurt?

In Bockenheim.

b Schreiben Sie die Frage richtig.

oW nenwoh ieS? _W_____

c Fragen Sie im Kurs.

Wo wohnen Sie?

Ich wohne in Berlin Kreuzberg.

5 Ein Formular

a Lesen Sie und ergänzen Sie das Formular für Frau Schuster.

Andreas Maier

Schillerstr. 19 · 99094 Erfurt
Tel. 0361 569801 · a.maier@gmx.de

Ute Schuster

Bonner-Str. 12 · 64283 Darmstadt
☎ 06151 355 477 12 · ute.schuster@web.de

Vorname	Andreas	Ute
Familienname	Maier	
Straße	Schillerstraße	
Hausnummer	19	
Postleitzahl	99094	
Stadt	Erfurt	
Land	Deutschland	
Telefonnummer	0361 56 98 01	
E-Mail-Adresse	a.maier@gmx.de	

b Und Sie? Schreiben Sie ins Heft.

Vorname: Magda
Familienname: Chav
Straße:

6 Persönliche Daten

1.31 **a Hören Sie. Welches Foto passt?**

1.31 **b Hören Sie noch einmal. Richtig oder falsch? Kreuzen Sie an.**

Ich heiße Maria Pereira Veloso.	Richtig	~~Falsch~~
Ich wohne in Hanau.	Richtig	Falsch
Meine Adresse ist Kölner-Straße 15.	Richtig	Falsch
Meine E-Mail-Adresse ist a-pereira@web.de.	Richtig	Falsch
Meine Postleitzahl ist 62450.	Richtig	Falsch

c Was passt? Ordnen Sie zu.

Vorname?	Ich wohne in Hanau.
Familienname?	Ich heiße Ana.
Adresse?	Ich wohne in der Müllerstraße 12 in 63450 Hanau.
Wohnort?	Ich komme aus Brasilien.
E-Mail-Adresse?	Mein Familienname ist Pereira Veloso.
Herkunft?	Meine E-Mail-Adresse ist a-pereira@web.de.

1.32 **d Schritt für Schritt – Üben Sie.**

… Pablo. → … ist Pablo. → Mein Vorname ist Pablo.

… Santana. → … ist Santana. → Mein Familienname ist Santana.

e Wie heißen Sie? Spielen Sie.

Wie heißen Sie?

Mein Familienname ist Patel.
Mein Vorname ist John.

Auf einen Blick

1 Akzent

⊙ 1.33 **a Hören Sie und achten Sie auf den Akzent.**

> Den Akzent spricht man laut.
> **Deutsch**land / Tür**kei** / Bo**li**vien
> • • / • • / • • •

⊙ 1.33 **b Klatschen Sie und sprechen Sie dann.**

- • •   **Deutsch** land • **Thai** land • **Por** tu gal • **drei** zehn • **Sehr** gut!
- • • • Bo **li** vien • Af **gha** nis tan • Auf **Wie** der seh en!
- • • • Tür **kei** • Ber **lin** • Frau **Kul** • Wie **geht's**? • Es **geht**.

⊙ 1.34 **c Hören Sie und lesen Sie mit. Achten Sie auf den Rhythmus.**

Ich **kom**me	aus der Tür**kei**	Ich komme aus der Tür**kei**.↘
Ich **wohn**ne	in Ber**lin**	Ich wohne in Ber**lin**.↘
Mein **Na**me	ist Ma**ria**	Mein Name ist Ma**ria**.↘

2 h-Laut

⊙ 1.35 **a Sie hören und sprechen „h". Hören Sie und sprechen Sie nach.**

heißen, hören, woher, hallo, Herkunft, in Hanau, in Bockenheim, aus Hamburg

⊙ 1.36 **b Sie hören „h" nicht. Hören Sie und sprechen Sie nach.**

Thailand, Afghanistan, zehn, Ihnen, wohnen – Wie geht es Ihnen? Sehr gut. Es geht.

Name, Adresse, Telefonnummer …

Wie ist Ihr Vorname?	Mein Vorname ist John.
Wie ist Ihr Familienname?	Mein Familienname ist Patel.
Wo wohnen Sie?	Ich wohne in München.
Wo wohnen Sie in München?	Ich wohne in Schwabing.
Wie ist Ihre Adresse?	Meine Adresse ist Abtstraße 112, 80807 München.
Wie ist Ihre Telefonnummer, bitte?	(Meine Telefonnummer ist) 089 321 33 445.
Wie ist Ihre E-Mail-Adresse?	Meine E-Mail-Adresse ist jo.patel@web.de.

Grammatik

Verben: Endungen

Infinitiv		
heiß|en	ich heiß|e	Sie heiß|en
komm|en	ich komm|e	Sie komm|en
woh|nen	ich wohn|e	Sie woh|nen
sein	ich bin	Sie sind

W-Fragen

W-Wort	**1**	Verb	**2**	Subjekt	**3**
Wie		heißen		Sie?	
Woher		kommen		Sie?	
Wo		wohnen		Sie?	
Wie		ist		Ihre Telefonnummer?	

Aussagen

Subjekt	**1**	Verb	**2**	Ergänzung	**3**
Ich		heiße		Pablo Santana.	
Ich		komme		aus Bolivien.	
Ich		wohne		in Berlin Mitte.	
Meine Telefonnummer		ist		0175 123 123 11.	

Lernen lernen

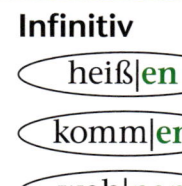 Fragen Sie. *Wie heißen Sie?*   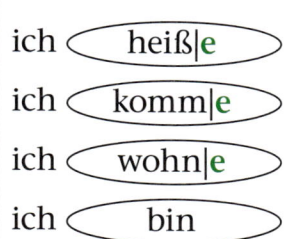 Kreuzen Sie an.   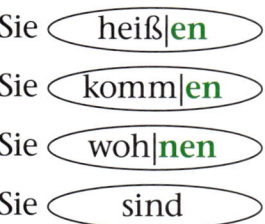 Lesen Sie. *Ich heiße Pablo, und Sie?*

 Antworten Sie. *Ich heiße Ana.*    Ergänzen Sie.    Lesen Sie vor. *Ich heiße Pablo, und Sie?*

 Sprechen Sie. *bla bla bla*    Ordnen Sie zu.    Hören Sie.

 Schreiben Sie.    Markieren Sie.    Spielen Sie. Würfeln Sie.

Der Deutschkurs

① der Tisch   ⑥ das Heft
② der Stuhl   ⑦ der Kuli
③ die Tafel   ⑧ der Bleistift
④ die Weltkarte   ⑨ das Deutschbuch
⑤ das Wörterbuch   ⑩ der Radiergummi

1 Dinge im Deutschkurs

⊙ 1.37   **a Hören Sie und zeigen Sie die Wörter auf dem Foto.**

⊙ 1.38   **b Hören Sie und klatschen Sie.**

● **●**   ● **● ●**   ● **●** ●   ● ● **●** ● ●

das Heft   die Tafel   die Weltkarte   der Radiergummi

c Klatschen Sie und sprechen Sie.

das Heft • der Tisch • der Stuhl • der Bleistift • die Tafel • das Deutschbuch •
der Kuli • das Wörterbuch • die Weltkarte • der Radiergummi

d Schreiben Sie Zettel und üben Sie.

Stuhl, der Stuhl.

2 Wie heißt das auf Deutsch?

⊙ 1.39   **a Hören Sie. Welches Wort passt?**

die Lehrerin • der Computer • ~~das Handy~~

 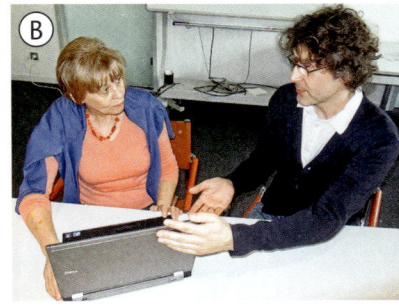 

das Handy _____   _____   _____

⊙ 1.39   **b Hören Sie noch einmal und sprechen Sie mit.**

● Wie heißt das auf Deutsch?

○ Das heißt _____ , _____   _____ .

⊙ 1.40   **c Schritt für Schritt – Üben Sie.**

… <u>Deutsch</u>? → … auf <u>Deutsch</u>? → Wie heißt das auf <u>Deutsch</u>?
… <u>Han</u>dy. → … heißt <u>Han</u>dy. → Das heißt <u>Han</u>dy.

d Fragen und antworten Sie.

Wie heißt das auf Deutsch?
Das weiß ich nicht.
Das heißt Tasse.

3 Der, das, die

a Ordnen Sie zu.

die Uhr • der Kuli • das Heft • die Tafel • der Stuhl • das Wörterbuch •
der Radiergummi • das Deutschbuch • der Tisch • die Weltkarte • der Computer •
die Lehrerin • das Handy • die Tasse • das Mäppchen

der	das	die
der Kuli	das Heft	die Uhr

⊙ 1.41 **b Hören Sie und schreiben Sie die Artikel.**

das Buch   _____ Handy

_____ Computer   _____ Weltkarte

_____ Uhr   _____ Mäppchen

_____ Lehrerin   _____ Kuli

_____ Heft   _____ Radiergummi

c Wiederholen Sie die Wörter. Spielen Sie.

der Kuli Heft • das Heft Buch • das Buch Uhr • die Uhr Stuhl • der Stuhl Tisch

**d Schreiben Sie die Wörter mit
Artikel an die Tafel.
Sagen Sie sie laut.
Spielen Sie „Tafelwischen".**

die Uhr, der Stuhl,
das Wörterbuch, die Weltkarte,
der Computer, das Handy

die Uhr, der Stuhl,
das Wörterbuch, die Weltkarte,
der Computer, das Handy

e Spielen Sie noch einmal mit anderen Wörtern.

4 So schreibt man das.

⊙ 1.42 **a Hören Sie und lesen Sie.**

Stift • Stuhl • Stadt • Buchstabe • spielen • sprechen • Sprache

⊙ 1.42 **b Hören Sie noch einmal und sprechen Sie nach.**

⊙ 1.42 **c Hören Sie und schreiben Sie.**

der _St_ift

der ____uhl

die ____adt

der Buch____ abe

____ielen

____rechen

die ____rache

Das hören Sie:
sch-t
sch-p

Das schreiben Sie:
Stift, Stuhl …
spielen, sprechen …

5 Du oder Sie?

a Hören Sie und lesen Sie mit. ⊙ 1.43

● Papa, Papa!
○ Hallo, hallo, mein Schatz.
  Gül, das ist meine Frau Flori.
  Flori, das ist Gül Parlak. Sie kommt aus der Türkei.
▲ Guten Tag, Frau Parlak. Wie geht es Ihnen?
△ Hallo, Frau Al-Samir. Danke, gut. Und du, wie heißt du?
● Pau.
○ Er heißt Paul.
△ Hallo, Paul. Und auf Wiedersehen. Bis morgen, Jussuf.
▲ Wiedersehen, Frau Parlak.

b Wie endet der Dialog? Kreuzen Sie an.

○ Tschüs, Gül. Mach's gut. ☐   ○ Auf Wiedersehen, Frau Parlak. ☐

c Bilder und Dialoge: Ordnen Sie zu. ⊙ 1.44

 A    B    C

● Wie heißen Sie?
○ Santana. Pablo Santana.
● Herr Santana, woher
  kommen Sie?
○ Ich komme aus
  Bolivien.

● Gregori, was machst
  du hier?
○ Ich lerne Deutsch.
  Und du?
● Chinesisch.

● Wie heißt du?
○ Banu, und du?
● Ich heiße Finn.
○ Hallo, Finn.

d Schreiben Sie in der du-Form.

ich heiße	ich komme	ich wohne
du heißt	du kommst	du wohnst
Sie heißen	Sie kommen	Sie wohnen

Wie heißen Sie?   Woher kommen Sie?   Wo wohnen Sie?
Wie heißt du? _____   _____   _____

e Schreiben Sie Kärtchen und spielen Sie:
Kärtchen ziehen – würfeln – sprechen.

 + | heißen | = (du heißt)

| kommen | | wohnen |

 ich   du   Sie   ich   du   Sie

6 Er, es, sie

⊙ 1.45 **a Hören Sie. Wer spricht da? Kreuzen Sie an.**

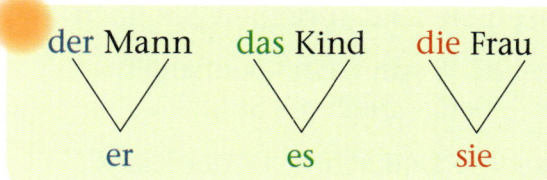

	er	es	sie
1.	☒	☐	☐
2.	☐	☐	☐
3.	☐	☐	☐
4.	☐	☐	☐

der Mann   das Kind   die Frau

er   es   sie

b Ordnen Sie zu.

~~Gregori~~ • ~~die Uhr~~ • ~~das Heft~~ • Frau Schuster • das Kind • Marie • Herr Santana • Paul • die Frau • der Mann • das Buch • das Baby

er	es	sie
Gregori	das Heft	die Uhr
_____	_____	_____
_____	_____	_____
_____	_____	_____

c Schreiben Sie die Frage und die Antwort.

1. Ali? – Marokko.
2. Donika? – Albanien.
3. Pablo? – Bolivien.
4. John? – Indien.
5. Ute? – Deutschland.
6. Ana? – Brasilien.

Ich	komme aus …
Pablo **Er**	kommt aus …
Ana **Sie**	kommt aus …

Woher kommt Ali? Er kommt aus Marokko.
Woher kommt Donika? Sie …

d Sprechen Sie im Kurs.

Das ist Pablo. Er kommt aus Bolivien.

Das ist Ewa. Sie kommt aus Polen.

Auf einen Blick

1 sch, sp, st

⊙ 1.46 **Hören Sie und sprechen Sie nach.**

Deutsch – sprechen – klatschen – schreiben – spielen – Stadt

Ich lerne Deutsch in Deutschland,↘ sprechen und schreiben!↘

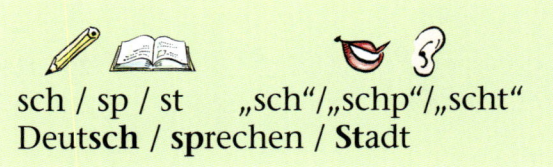

sch / sp / st   „sch"/„schp"/„scht"
Deutsch / sprechen / Stadt

2 s-Laute

⊙ 1.47 **a s(t), ss, ß – Hören Sie und sprechen Sie nach.**

der Kurs • die Tasse • eins • das • aus Tunis • du wohnst • du kommst • du heißt

● Wie heißt das?↗   ○ Das weiß ich nicht.↘   ▲ Das heißt Tasse.↘
● Wie heißt der Kurs?↗   ○ Das weiß ich nicht.↘   ▲ Das ist Kurs eins.↘

⊙ 1.48 **b st und scht – Hören Sie und sprechen Sie nach. Wie heißt die Regel?**

du kommst – die Stadt   du wohnst – der Stuhl   du heißt – der Stift

⊙ 1.49 **c s – Hören Sie und sprechen Sie nach.**

sieben • sehr gut • Serbien • lesen • wiedersehen • aus • der Kurs • eins • das • es

Sie sind aus Serbien.↘   Selin kommt aus Tunis.↘

aus, der Kurs, das, eins
lesen, Sie sind sehr gut!

Im Kurs

Wie heißt das auf Deutsch?

Das heißt Baby, das Baby.

Wie schreibt man das?

Baby. B - A - B - Y.

Das weiß ich nicht.

Wer ist das?

Das ist Gül Parlak.   Der Mann kommt aus Pakistan.
Sie kommt aus der Türkei.   Die Frau kommt aus Pakistan.
                            Das Kind kommt aus Pakistan.

Und du?

Wie heißt du?   Ich heiße Zahira.
Woher kommst du?   Ich komme aus Damaskus.
Was machst du hier?   Ich lerne Deutsch.

Grammatik

Artikel: *der, das, die*

der	**das**	**die**
der Bleistift	das Heft	die Tafel
der Stuhl	das Wörterbuch	die Tasse
…	…	…

Personalpronomen: *sie, er*

der Mann
↓
er

das Kind
↓
es

die Frau
↓
sie

Beispiel:
Der Mann heißt Peter. Er kommt aus Österreich.
Das Kind heißt Ines. Es kommt aus der Türkei.
Die Frau heißt Monika. Sie kommt aus Deutschland.

Lernen lernen

> **TIPP** Lernen Sie die Wörter mit Artikel. Lernen Sie wenige Wörter auf einmal, aber lernen Sie oft.

die Uhr	*der Tisch*	*das Buch*
(Ihre Sprache)		

Meine Familie

1 Die Familie

⊙ 1.50 **a Sehen Sie die Bilder an. Hören Sie und zeigen Sie die Personen auf dem Foto.**

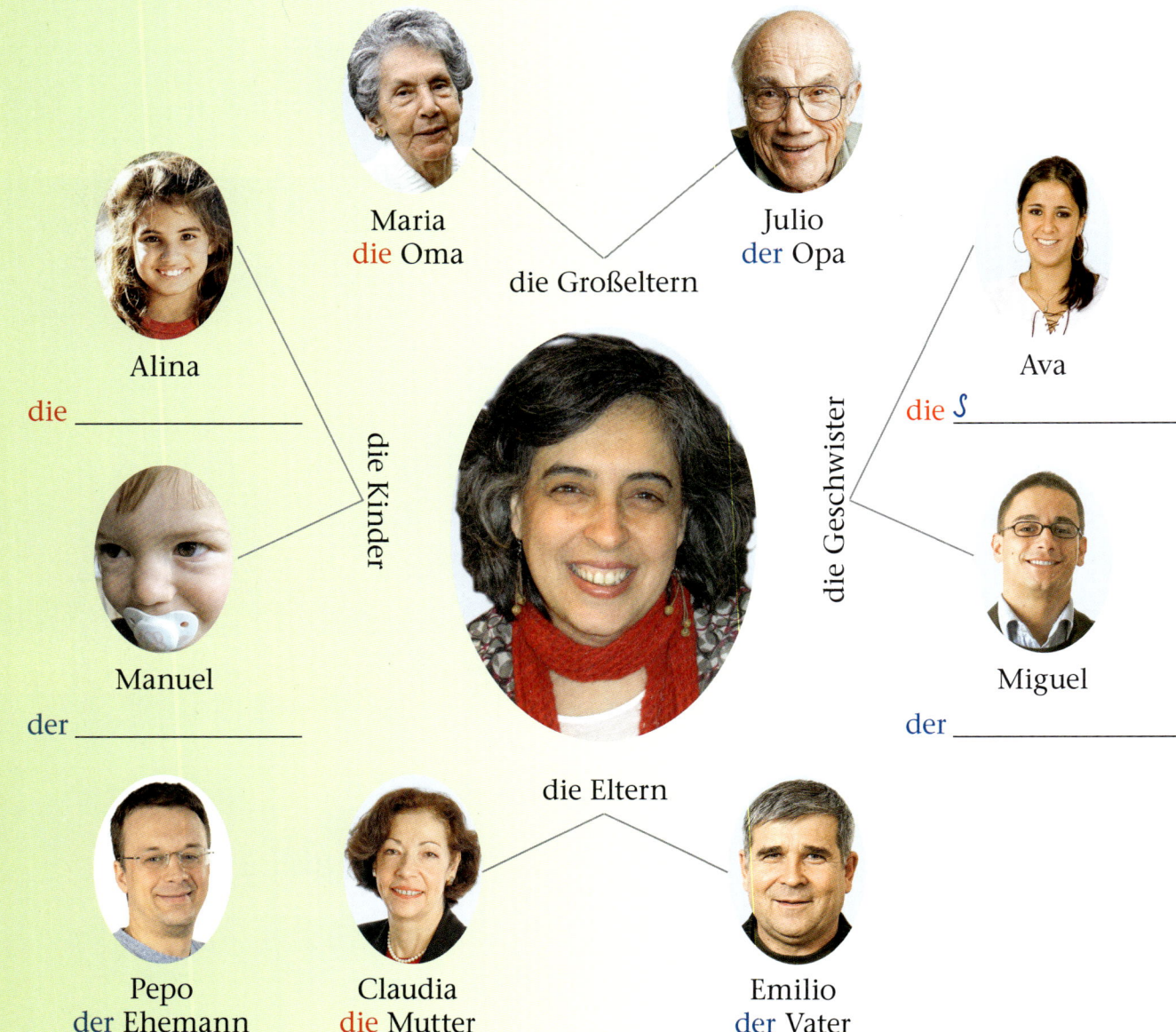

Maria
die Oma

Julio
der Opa

die Großeltern

Alina

die _____

Ava

die S_____

die Geschwister

die Kinder

Manuel

der _____

Miguel

der _____

die Eltern

Pepo
der Ehemann

Claudia
die Mutter

Emilio
der Vater

⊙ 1.50 **b Hören Sie noch einmal. Schreiben Sie die Wörter an die richtige Stelle.**

der Sohn • die Tochter • die Schwester • der Bruder

⊙ 1.51 **c Hören Sie und sprechen Sie nach. Markieren Sie _ lang oder . kurz.**

der V a̲ter   die T o̤chter   die M ṳtter   der S o̲hn

die Schw e̲ster   der Br u̲der   die K i̤nder   die E̲ltern   die Geschw i̤ster

d Schreiben Sie.

die Eltern: *der Vater und* _____

die Kinder: _____

die Geschwister: _____

die Großeltern: _____

die Eltern

der Vater   die Mutter

2 Meine Mutter, mein Vater, mein Kind

a Lesen Sie und ordnen Sie zu.

mein Kind

A

meine Frau

B

mein Opa

C

D

meine Eltern

__3__   _____   _____   _____

1. Das ist mein Kind. Es heißt Sascha.
2. Das sind meine Eltern. Sie wohnen in Innsbruck.
3. Das ist meine Frau. Sie heißt Manju und kommt aus Indien.
4. Das bin ich. Das ist mein Opa. Er heißt Alfonso und wohnt in Frankfurt.

b Schreiben Sie: *mein* oder *meine*?

die Schwester – meine Schwester

die Schwester • der Sohn • die Mutter • die Kinder •
der Vater • die Frau • der Mann • die Oma • die Eltern •
der Opa • die Geschwister • die Tochter • die Großeltern

der Vater	mein Vater
das Kind	mein Kind
die Mutter	meine Mutter
die Eltern	meine Eltern

c Schreiben Sie auf Zettel.

Mein Vater heißt Tekin. Meine Schwester heißt Regina.
Meine Großeltern heißen Mehmet und Selin. Mein Sohn heißt Said.   *(Gül)*

d Tauschen Sie. Lesen Sie.

Der Vater von Ana heißt Emilio.

Die Schwester von Gül heißt Regina.

Der Vater von … heißt …
Das Kind von … heißt …
Die Mutter von … heißt …
Die Kinder von … heißen …

3 Wie alt sind Sie?

a Hören Sie die Zahlen und lesen Sie mit.

20 zwanzig	21 einundzwanzig	22 zweiundzwanzig	23 dreiundzwanzig	24 vierundzwanzig	25 fünfundzwanzig
26 sechsundzwanzig	27 siebenundzwanzig	28 achtundzwanzig	29 neunundzwanzig	30 dreißig	40 vierzig
50 fünfzig	60 sechzig	70 siebzig	80 achtzig	90 neunzig	100 hundert

b Markieren Sie wie im Beispiel.

22
zweiundzwanzig

27
siebenundzwanzig

35
fünfunddreißig

51
einundfünfzig

78
achtundsiebzig

94
vierundneunzig

23
dreiundzwanzig

⊙ 1.52 **c Hören Sie noch einmal und sprechen Sie nach.**

d Spielen Sie Zahlendreher.

17 Pablo

71
35 Ewa

53
84 Gül

e Fragen Sie im Kurs. Stellen Sie sich in einer Reihe auf.

Wie alt sind Sie?

Ich bin
19 Jahre alt.

4 Haben Sie Kinder?

⊙ 1.53 **a Hören Sie und lesen Sie mit.**

1. ● Frau Klein, haben Sie Kinder?
   ○ Ja, ich habe drei Kinder.
   ● Wie alt sind sie?
   ○ Meine Kinder sind 6, 12 und 14 Jahre alt.

2. ▶ Oliver, haben Sie Kinder?
   ▷ Nein, ich habe keine Kinder. Und Sie?
   ▶ Ich habe zwei Kinder. Meine Tochter
     ist 9 und mein Sohn ist 13.

3. ■ Elena, haben Sie Kinder?
   □ Ja, ich habe ein Kind. Meine Tochter ist 2.
   ■ Sie ist noch klein! Meine Kinder sind
     groß. Sie sind 28 und 34.

⊙ 1.53 **b Was ist richtig? Hören Sie und kreuzen Sie an.**

1. Frau Klein hat drei Kinder.   ~~Richtig~~   Falsch

2. Oliver hat ein Kind.   Richtig   Falsch

3. Elena hat keine Kinder.   Richtig   Falsch

c Was passt? Ergänzen Sie.

~~ist~~ • sind • bin • ist • ist • sind

1. Mein Kind __ist__ zwei Jahre alt.

2. Mein Sohn _____ 13 Jahre alt.

3. Ich _____ 43 Jahre alt.

4. Meine Kinder _____ 9 und 13 Jahre alt.

5. Meine Schwester _____ 25 Jahre alt.

6. Meine Geschwister _____ 15 und 19 Jahre alt.

Ich **bin** …

Er **ist** …

Sie **ist** …

Sie **sind** …

⊙ 1.54 **d Schritt für Schritt – Üben Sie.**

… Kinder? → … Sie Kinder? → Haben Sie Kinder?
… drei Kinder. → … ich habe drei Kinder. → Ja, ich habe drei Kinder.
… keine Kinder. → … ich habe keine Kinder. → Nein, ich habe keine Kinder.

e Haben Sie Kinder? Fragen Sie und antworten Sie mit „Ja" oder „Nein".

Haben Sie Kinder?

Ja, ich habe ein Kind.

Nein, ich habe keine Kinder.

5 Ledig, verheiratet, getrennt, geschieden

⊙ 1.55 **a Hören Sie und schreiben Sie die Wörter an die richtige Stelle.**

~~ledig~~ • geschieden • getrennt • verheiratet

1. ___ledig___   2. _____   3. _____   4. _____

⊙ 1.56 **b Hören Sie und lesen Sie.**

● Frau Schuster, sind Sie verheiratet?
○ Nein, ich bin geschieden. Und Sie Gül?
● Ich bin verheiratet. Ich habe zwei Kinder.
○ Und Sie Ewa?
▲ Ich bin nicht verheiratet, aber ich habe einen Freund.
● Und Sie, Gregori? Sind Sie verheiratet?
△ Ja, ich bin verheiratet, aber meine Frau und ich sind getrennt.
■ Und ich bin ledig.

⊙ 1.57 **c Hören Sie und sprechen Sie nach. Markieren Sie _ lang oder . kurz.**

le̲dig • verhei̲ratet • getre̲nnt • geschie̲den

d Schreiben Sie.

Ich bin verheiratet. Ich habe drei Kinder. Meine Kinder sind 4, 5 und 8 Jahre alt.

 Projekt
Zeigen Sie Familienfotos.

Das ist meine Tochter.
Sie heißt Aylin.
Sie ist 20 Jahre alt.
Sie ist verheiratet.

6 Sprechen Sie bitte langsam.

⊙ 1.58 **a Hören Sie und nummerieren Sie die Dialoge.**

b Lesen Sie die Dialoge zu zweit vor.

Dialog __
- ● Meine Tochter heißt Veronika.
- ○ Wie schreibt man das?
- ● V–e–r–o–n–i–k–a.

Dialog __
- ● Ich bin 26 Jahre alt.
- ○ Sprechen Sie bitte laut.
- ● Ich bin 26 Jahre alt.

Dialog __
- ● Wo wohnen Sie, bitte?
- ○ Sprechen Sie bitte langsam.
- ● Wo wohnen Sie, bitte?

Dialog _1_
- ● Sind Sie verheiratet?
- ○ Wiederholen Sie bitte.
- ● Sind Sie verheiratet?

⊙ 1.58 **c Hören Sie noch einmal. Was sagen die Kursteilnehmer? Schreiben Sie.**

① _____ _____ _bitte._

② _Sprechen_ _____ _____.

③ _____ _____ _laut._

④ _Wie_ _____ _____?

d Sprechen Sie.

Ich heiße Magda.   Sprechen Sie bitte langsam.   Ich heiße Magda.

Auf einen Blick

1 r und -er(n)

⊙ 1.59 **a Hören Sie „r" und markieren Sie. Sprechen Sie dann.**

die Frau • mein Vater • mein Freund • die Mutter •
meine Eltern • drei Kinder • zwei Jahre •
mein Bruder • Deutsch sprechen • die Schwester •
meine Tochter • getrennt • vier Geschwister •
der Lehrer • der Computer • schreiben

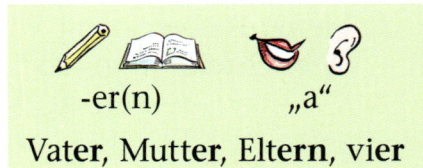

-er(n)   „a"
Vater, Mutter, Eltern, vier

⊙ 1.60 **b Hören Sie und sprechen Sie nach.**

Ich heiße Peter.↘   Ich bin verheiratet.↘   Meine Frau ist vierundfünfzig Jahre alt.↘
Meine Eltern wohnen in Russland.↘   Meine Großeltern sprechen Deutsch.↘

2 Kleine Pausen im Satz

⊙ 1.61 **Hören Sie und sprechen Sie nach.**

1. Das_ist_Regina.↘ / Sie_ist / die_Schwester / von_Ewa.↘
2. Meine_Schwester / ist_verheiratet. Sie_hat / vier_Kinder.↘
3. Peter_hat / zwei_Brüder / und_eine_Schwester.↘ Er_hat / keine_Kinder.↘

3 z, -ig

⊙ 1.62 **Hören Sie und sprechen Sie nach.**

„ts"   die Zahl • zwei • zehn • zwölf •
        zwanzig • vierzig • fünfzig
„ich" zwanzig • dreißig • vierzig •
        richtig • wichtig

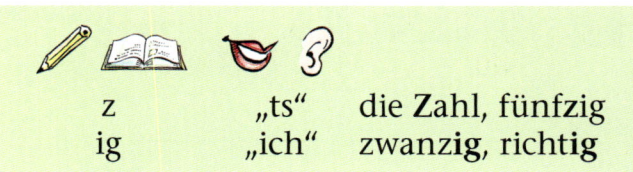

z   „ts"   die Zahl, fünfzig
ig   „ich"   zwanzig, richtig

Wie alt sind Sie?

Wie alt sind Sie?	Ich bin 47 Jahre alt.	Ich bin 47.
Wie alt ist er?	Er ist 76 Jahre alt.	Er ist 76.
Wie alt ist sie?	Sie ist 72 Jahre alt.	Sie ist 72.

Haben Sie Kinder?

Haben Sie Kinder?	Ja, ich habe zwei Kinder.	Nein, ich habe keine Kinder.
	Ja, ich habe ein Kind.	

Familienstand

Sind Sie verheiratet?	Ich bin ledig / verheiratet.	Ich bin getrennt / geschieden.

Sprechen Sie bitte langsam.

Wiederholen Sie bitte.   Sprechen Sie bitte laut.
Sprechen Sie bitte langsam.   Wie schreibt man das?

Grammatik

Verben: *sein*

Plural: *die*

der Vater
die Mutter
> **die** Eltern

Possessivpronomen: *mein*

der Vater – mein Vater   die Mutter – mein**e** Mutter
das Kind – mein Kind   die Eltern – mein**e** Eltern

Lernen lernen

Wörter in Sätzen lernen.

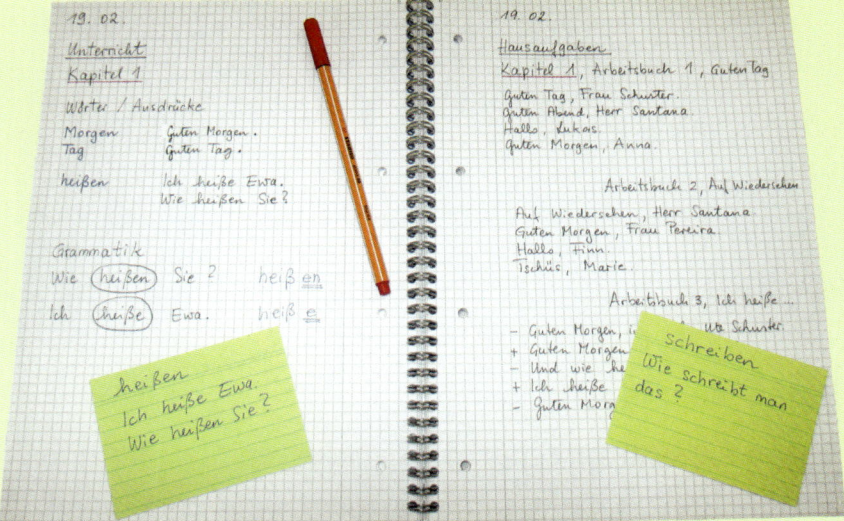

5 Essen und Trinken

1 Lebensmittel auf Deutsch
a Was kennen Sie? Sammeln Sie.

Kaffee   Zucker

der Kaffee
der Zucker

b Was kennen Sie auf dem Bild? Ordnen Sie zu.

die Banane • die Bohnen *(Plural)* • das Brot • der Fisch • das Fleisch • der Kaffee •
die Kartoffel • der Käse • die Milch • die Nudeln *(Plural)* • der Saft (Apfelsaft) •
die Schokolade • der Reis • das Wasser • die Wurst • der Tee

1. der Fisch   2. _____   3. _____   4. _____

5. _____   6. _____   7. _____   8. _____

9. _____   10. _____   11. _____   12. _____

13. _____   14. _____   15. _____   16. _____

⊙ 1.63   **c Hören Sie und schreiben Sie.**

⊙ 1.64   **d Hören Sie und sprechen Sie. Markieren Sie _ lang oder . kurz.**

die B<u>o</u>hnen • der K<u>a</u>ffee • die Kart<u>o</u>ffel • die N<u>u</u>deln • die Schokol<u>a</u>de • die W<u>u</u>rst

2 Ich esse gerne ...

⊙ 1.65 **a Hören Sie. Was isst und trinkt Sandra gerne oder nicht gerne? Notieren Sie.**

☺ *gerne*   ☹ *nicht gerne*
Käse   *Fleisch*

⊙ 1.66 **b Schritt für Schritt – Üben Sie.**

... Schokol<u>a</u>de. → ... gerne Schokol<u>a</u>de. → Ich esse gerne Schokol<u>a</u>de.
... Kart<u>o</u>ffeln. → ... nicht gerne Kart<u>o</u>ffeln. → Ich esse nicht gerne Kart<u>o</u>ffeln.
... <u>Mi</u>lch. → ... nicht gerne <u>Mi</u>lch. → Ich trinke nicht gerne <u>Mi</u>lch.

c Fragen Sie und antworten Sie.

Ich esse gerne Reis.

Was isst du gerne?

Jogurt.

Was isst du nicht gerne?

Was trinkst du gerne?

Ich esse gerne ... wie heißt „Mast" auf Deutsch?

Ich esse nicht gerne Käse.

Ich trinke gerne Tee.

d Erzählen Sie im Kurs.

ich esse	ich trinke
du **isst**	du trink**st**
er/sie **isst**	er/sie trink**t**

*Ewa isst gerne Reis und Bohnen.
Sie isst nicht gerne Käse. Sie trinkt gerne Tee.
Sie trinkt nicht gerne Milch.*

3 Supermarkt

1.67 **a Lesen Sie und hören Sie. Schreiben Sie die Wörter zu den Bildern.**

der Einkaufswagen • die Kasse • ~~der Gang~~ • das Regal – rechts • ~~links~~ • hinten • vorne

5. _____

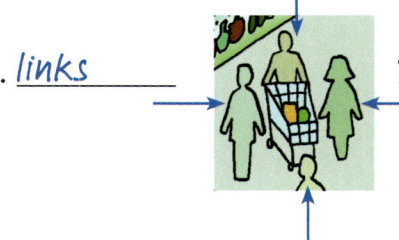

1. *der Gang* _____   2. _____   6. *links* _____   7. _____

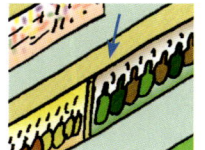

8. _____

3. _____   4. _____

FISCH

MILCHPRODUKTE

FLEISCH

HAUSHALTSARTIKEL

C KÄSETHEKE

REGAL

KASSEN

6

5

4

3

GANG

2

1

D OBST UND GEMÜSE

GETRÄNKE

FERTIGGERICHTE

B TIEFKÜHLPRODUKTE

A BACKWAREN

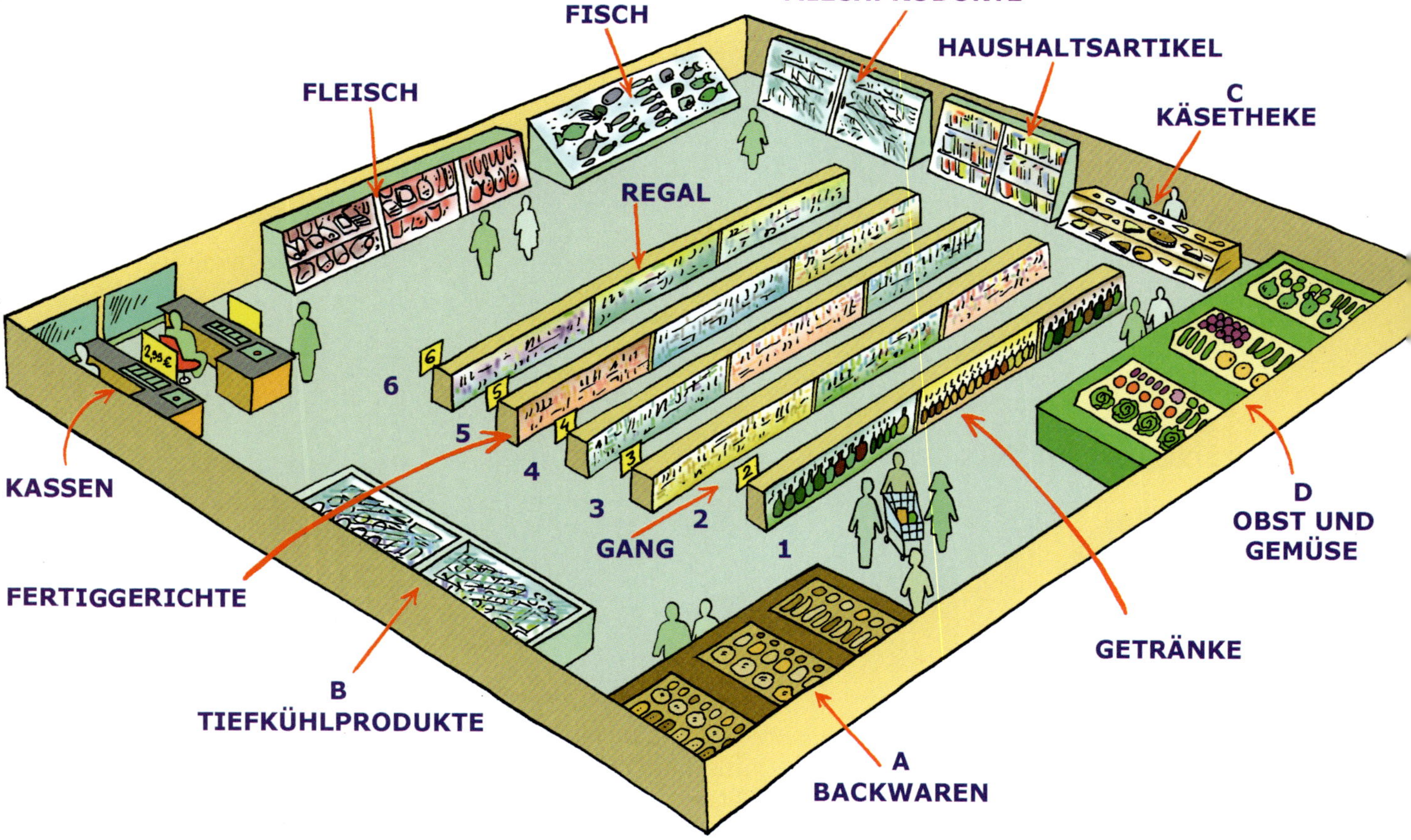

b Finden Sie diese Wörter im Bild. Markieren Sie.

der Fisch • das Fleisch • die Tiefkühlprodukte • die Fertiggerichte • die Backwaren •
die Käsetheke

⊙ 1.68 **c Hören Sie und sprechen Sie. Markieren Sie _ lang oder . kurz.**

Fleisch • Fisch • Tiefkühlprodukte • Fertiggerichte • Backwaren • Käsetheke

⊙ 1.69 **d Wo ist was? Hören Sie und schreiben Sie die Buchstaben.**

Dialog 1: _D_   Dialog 2: __   Dialog 3: __   Dialog 4: __

⊙ 1.70 **e Schritt für Schritt – Üben Sie.**

… Getränke? → … wo finde ich Getränke? → Entschuldigung, wo finde ich Getränke?
… Bohnen? → … haben Sie Bohnen? → Entschuldigung, haben Sie Bohnen?

f Fragen und antworten Sie.

- Wo finde ich Gemüse?
- Haben Sie Zucker?
- Entschuldigung, wo finde ich Orangensaft?
- Gleich hier links.
- In Gang 1 vorne links.
- Ja, in Gang 5 hinten rechts.

4 Wortschatz

a Ergänzen Sie die Tabelle. Markieren Sie dann die Pluralendung.

Singular	Plural	Singular	Plural
die Kartoffel	die Kartoffel**n**	_____	die Camemberts
_____	die Bohne**n**	_____	die Pizzas
_____	die Fertiggericht**e**	_____	die Brote
_____	die Bananen	_____	die Äpfel
_____	die Nudeln	_____	die Würste
_____	die Kuchen	_____	die Säfte

b Schreiben Sie die Wörter aus 4a in die Tabelle.

Obst/Gemüse	Backwaren	Käse/Wurst	Getränke
die Kartoffel	der Kuchen		

c Schreiben Sie noch mehr Wörter in die Tabelle.

5 Einkaufen
a Üben Sie die Zahlen.

A sagt eine Zahl,
B sagt die drei Zahlen danach.

b Lesen Sie die Preise laut.

33, 34, 35 – 77

32

78, 79, 80

Ein Euro neunundneunzig.

Neunundsiebzig Cent.

Bio-Eier
10 Stück

1,99 €

H-Milch

0,79 €

Spaghetti Bolognese
Fertiggericht

0,49 €

Pizza

1,89 €

Rindfleisch

13,99 €

Tomatenmark

2,19 €

Mineralwasser
große Flasche

0,85 €

Äpfel
aus Südtirol

1,59 €

Kaffee

3,69 €

⊙ 1.71   **c Ansagen im Supermarkt – Was hören Sie? Markieren Sie.**

Projekt
Was kostet der Einkauf? – Notieren Sie die Preise in verschiedenen Läden.
Berichten Sie im Kurs.

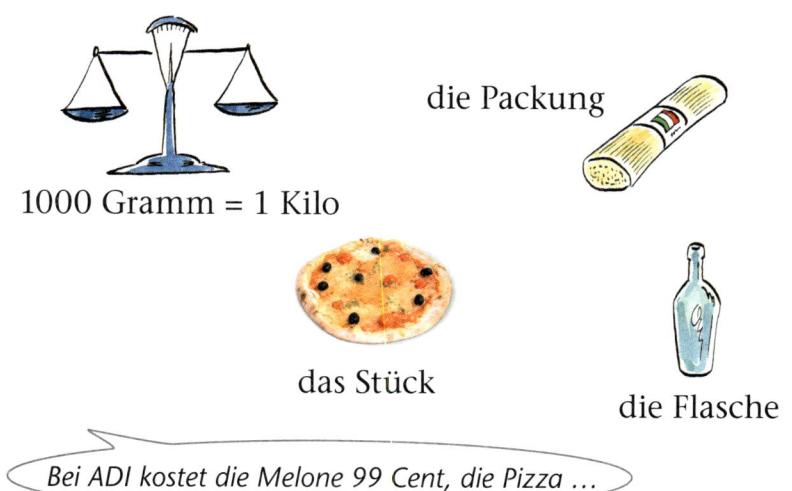

Wassermelone (1 Stück)
Pizza (1 Stück)
Reis (1 Kilo)
Zucchini (1 Kilo)
Tomaten (1 Kilo)
Mineralwasser (Flasche)
Spaghetti (Packung)
Fleisch (1 Kilo)
Tee (Packung)

die Packung

1000 Gramm = 1 Kilo

das Stück

die Flasche

Bei ADI kostet die Melone 99 Cent, die Pizza …

6 Wochenmarkt

⊙ 1.72 **a Hören Sie. Was kauft die Frau und was nicht? Kreuzen Sie an.**

☐ zwei Äpfel ☒ drei Äpfel ☐ Salat ☐ Kiwi ☐ Gurke ☐ Tomaten

⊙ 1.72 **b Hören Sie noch einmal und ergänzen Sie den Dialog.**

● Guten Tag.
○ Guten Tag. Drei Äpfel, bitte.
● Ja, gerne. Sonst noch etwas?

○ Haben Sie auch _____ ?
● Ja. 3 Euro 49 das Kilo.
○ Oh! Nein, danke. Was kosten die Kiwis?

● _____ das Stück.

○ _____ , bitte.
● Ja, bitte schön, sonst noch etwas?
● Nein, danke.

⊙ 1.73 **c Schritt für Schritt – Üben Sie.**

… Tomaten? → … auch Tomaten? → Haben Sie auch Tomaten?
… Kiwis? → … die Kiwis? → Was kosten die Kiwis?

d Lesen Sie den Dialog. Tauschen Sie die Rollen: Käufer und Verkäufer.

e Spielen Sie den Dialog mit anderen Produkten.

Melonen • Zucchini • Zwiebeln • Knoblauch • Birnen • Erdbeeren • …

Auf einen Blick

1 p, t, k und b, d, g

⊙ 1.74 **Hören Sie und sprechen Sie nach.**

1. „p" die Pizza • die Packung • die Suppe   Paul isst gerne Pizza.↘
2. „t" der Tee • die Tomaten • die Kartoffeln   Bitte Tee und Butter einkaufen.↘
3. „k" der Kuchen • die Schokolade • trinken   Isst du gerne Schokolade und Kuchen?↗

4. „b" das Brot • haben • die Banane   Haben Sie auch Bananen?↗
5. „d" du • die Nudeln • danke   Isst du gerne Nudeln?↗
6. „g" gerne • das Regal • die Gurke   Die Gurken liegen hier im Regal.↘

2 Wortakzent

⊙ 1.75 **Hören Sie und klatschen Sie den Rhythmus. Sprechen Sie dann.**

der **Markt**	der **Wo** chen markt	der **Wa** gen	der **Ein** kaufs wa gen
die **The** ke	die **Kä** se the ke	die Ge **rich** te	die **Fer** tig ge rich te
die **Wa** ren	die **Back** wa ren	die Pro **duk** te	die **Tief** kühl pro duk te

3 ü, ö, ä

⊙ 1.76 **Hören Sie und und markieren Sie den Vokal _ lang oder . kurz. Sprechen Sie.**

fünf, das Gemüse, Tschüs! • die Getränke, die Säfte, die Äpfel •

die Söhne, die Töchter, Bitte schön!

Gül kauft fünf Würste, fünf Äpfel und fünf Brötchen.↘
Sie sagt:↘ „Meine Söhne essen Möhren nicht gerne, sie essen kein Gemüse."↘

Essen und trinken

Was isst du gerne?	Ich esse gerne Reis.
Was isst du nicht gerne?	Ich esse nicht gerne Käse.
Was trinkst du gerne?	Ich trinke gerne Tee.
Was isst Ewa gerne?	Ewa isst gerne Reis und Bohnen.
Was trinkt Ewa nicht gerne?	Sie trinkt nicht gerne Milch.

Einkaufen

Wo finde ich Gemüse?	Im Gang 1.
	Vorne links. / Hinten rechts.
Haben Sie Zucker?	Ja, in Gang 5 hinten links.
Sonst noch etwas?	Ja, ein Stück Käse, bitte.
Haben Sie auch Tomaten?	Ja.
Was kosten die Kiwis?	1,80 € das Kilo.
Was kostet der Apfelsaft?	1,30 € die Flasche.

1,80 €   1 Euro 80.

Grammatik

Verben: *regelmäßig, unregelmäßig*

regelmäßig		unregelmäßig	
	⟨trink|en⟩		⟨ess|en⟩
ich	⟨trink|e⟩	ich	⟨ess|e⟩
du	⟨trink|**st**⟩	du	⟨**iss|t**⟩
er/sie	⟨trink|**t**⟩	er/sie	⟨**iss|t**⟩

W-Frage und Antwort

Was ⟨kosten⟩ die Tomaten? Die Tomaten kosten 1,30 € das Kilo.

Was ⟨isst⟩ du gerne? Ich esse gerne Reis.

Was ⟨trinkst⟩ du nicht gerne? Ich trinke nicht gerne Bier.

Ja/Nein-Frage und Antwort

⟨Haben⟩ Sie Kiwis? Ja, die Kiwis sind gleich hier rechts.

⟨Haben⟩ Sie Avocados? Nein, leider nicht.

Lernen lernen

Nomen lernen – Schreiben Sie Lernkarten.

Vorderseite

> *die Pizza*
> *die Pizzas (Plural)*
> *Ich esse gerne Pizza.*

Rückseite

> *a pizza*
>
> *Gosto de comer pizza.*

> **TIPP** Lernen Sie Nomen immer mit Artikel und Plural.

Ich verstehe es auch nicht. Sonst isst er nur Gemüse.

❶ Wörterspiel

Werfen Sie
eine Münze.

Zahl? Gehen Sie 1 Schritt
weiter.

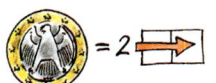

Kopf? Gehen Sie 2 Schritte
weiter.

Richtig? Sie bleiben
auf dem Feld.

Falsch? Gehen Sie
wieder zurück.

START

die Frau ↔ …

der Morgen ↔ …

d… Deutschbuch

der Kaffee, …

der Tisch, die Tische
der Stuhl, die …

d… Kinder

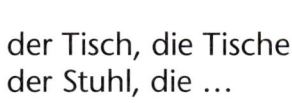

der Bleistift, …

das …

d… Sprache

mein Sohn ↔ …

d… Schokolade

die Wurst, …

d… Abendessen

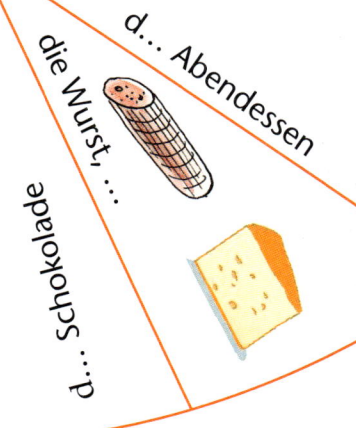

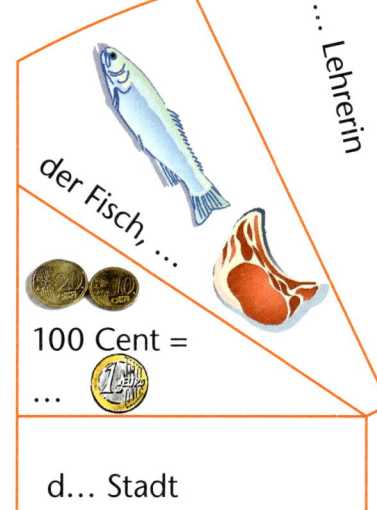

der Fisch, …

100 Cent =
…

d… Stadt

Tel. 030-322 2800

die Telefon…

der Saft, …

… Nudeln

… Lehrerin

ledig ↔ …

a.pereira@web.de

die E-Mail-…

die Flasche …

die Banane, …

das Brot, …

… Wohnort

der Vater, …

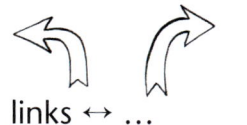

links ↔ …

der Apfel, …

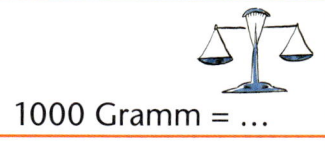

1000 Gramm = …

ZIEL

❷ Fünf-Zahlen-Spiel

Spielen Sie in Gruppen gegeneinander. Eine Gruppe schreibt fünf Zahlen an die Tafel. Die andere Gruppe bildet so viele Zahlen (unter 100) wie möglich.

❸ Stift drehen

Spielen Sie in Gruppen. Legen Sie einen Stift in die Mitte des Kreises. Eine Person dreht den Stift. Alle beantworten die Frage.

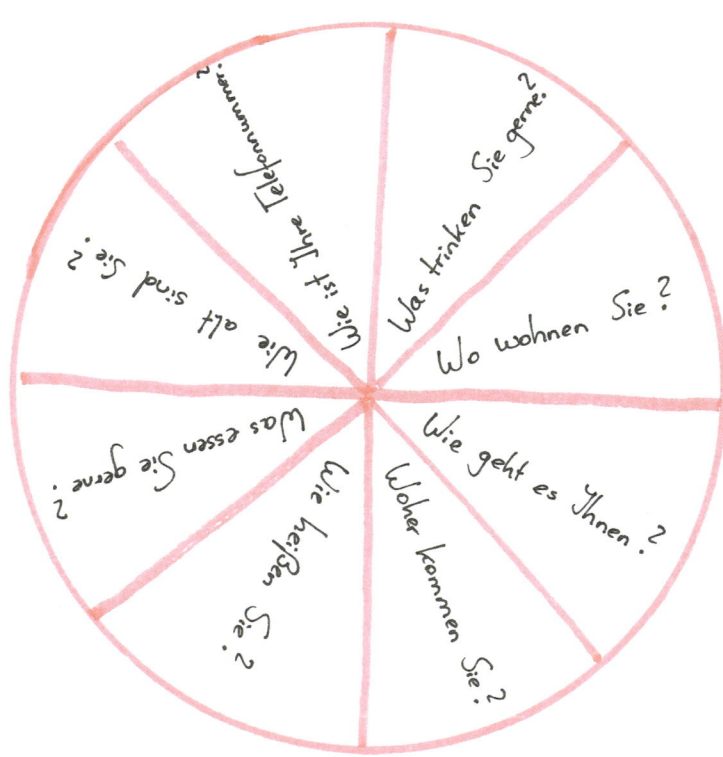

6 Der Tag

1 **Wie viel Uhr ist es?**

⊙ 2.1 **a Hören Sie und machen Sie weiter.**

der Morgen	der Vormittag	der Mittag	der Nachmittag	der Abend	die Nacht

6 Uhr
6 Uhr 5
6 Uhr 10
6 Uhr 15
…

Es ist 6 Uhr 20.

Es ist 6 Uhr 25.

…

Es ist 22 Uhr 20.

22 Uhr
22 Uhr 5
22 Uhr 10
22 Uhr 15
…

Es ist 22 Uhr 25.

…

b Schreiben Sie die Uhrzeiten. Sprechen Sie die Uhrzeiten laut.

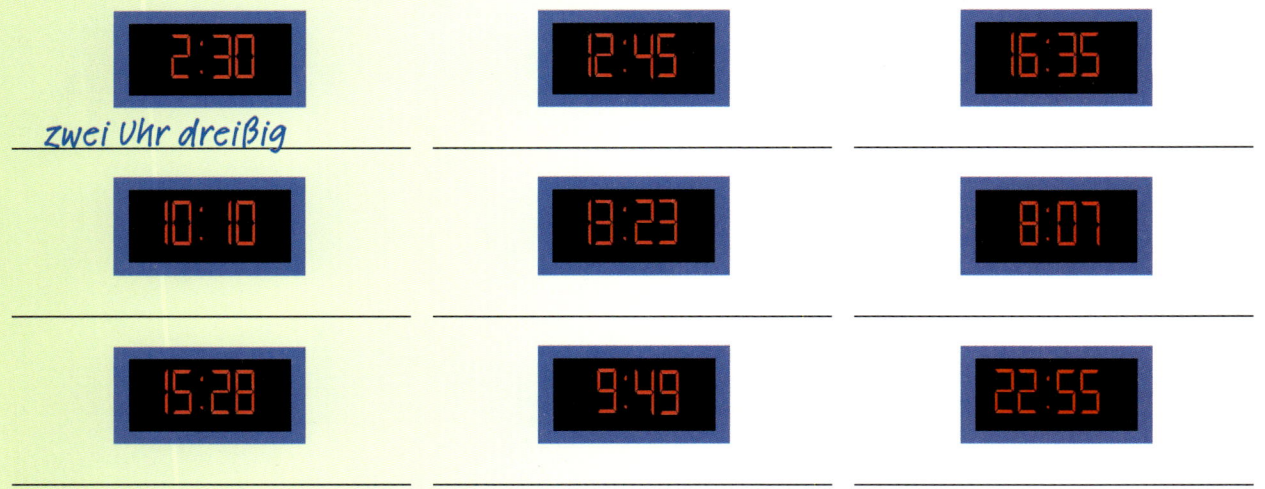

2:30 — *zwei Uhr dreißig*

12:45

16:35

10:10

13:23

8:07

15:28

9:49

22:55

⊙ 2.2 **c Uhrzeitenbingo – Markieren Sie in 1b sechs Uhrzeiten mit X.**
Hören Sie zu. Haben Sie alle Uhrzeiten mit X? Rufen Sie BINGO.

d Malen Sie Uhren. Fragen Sie im Kurs.

 *Wie viel Uhr ist es?*

 *Es ist …*

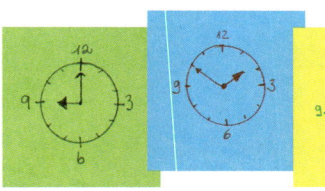

2 Ein Arbeitstag

⊙ 2.3 **a Hören Sie zu. Schreiben Sie die Sätze zu den Bildern.**

1. Ich arbeite bis 17 Uhr.
2. Ich arbeite ab 8 Uhr.
3. Ich gehe um 7 Uhr 15 aus dem Haus.
4. Ich dusche um 6 Uhr.
5. Ich habe von 12 bis 13 Uhr Mittagspause.

6. Ich frühstücke um 6 Uhr 30.
7. Um 19 Uhr mache ich Abendessen.
8. Um 17 Uhr 50 bin ich zu Hause.
9. Um 23 Uhr schlafe ich.
10. Mein Wecker klingelt um 5 Uhr 45.

 A
 B
 C
 J

A *Mein Wecker klingelt um 5 Uhr 45.*

B _____

C _____

 D
 I

D _____

E _____

F *Ich habe von 12 bis 13 Uhr Mittagspause.*

G _____

H _____

I _____

J *Um 23 Uhr schlafe ich.*

 G
 F

⊙ 2.4

b Hören Sie und klatschen Sie den Rhythmus.

- • •   <u>früh</u>stücken – <u>ar</u>beiten
- • •   Ich <u>früh</u>stücke. – Ich <u>ar</u>beite.
- • • •   <u>Mit</u>tagspause – <u>Aben</u>dessen
- • • • • • •   Ich habe <u>Mit</u>tagspause. – Ich mache <u>Aben</u>dessen.

c Was machen Sie wann? Schreiben Sie fünf Sätze.

arbeiten • frühstücken • duschen •
aus dem Haus gehen • zu Hause sein • …

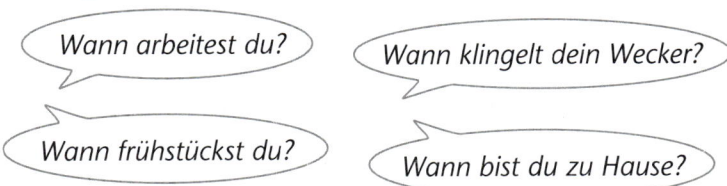

Ich frühstücke um sieben Uhr.

d Fragen und antworten Sie.

Wann arbeitest du?

Wann klingelt dein Wecker?

Wann frühstückst du?

Wann bist du zu Hause?

wann? → um …

Wann frühstückst du?

Ich frühstücke **um** acht Uhr.

3 Sätze mit Zeitangaben
a Was gehört zusammen? Markieren Sie. Bilden Sie lebendige Sätze.

Der Wecker klingelt
um 5 Uhr.

Ich bin um 17 Uhr 45
zu Hause.

Ich mache um 19 Uhr
Abendessen.

Um halb sieben
frühstücke ich.

Um acht Uhr
arbeite ich.

b Schreiben Sie die Sätze aus 3a in die Tabelle.

Position 2: Verb

Der Wecker	klingelt	um 5 Uhr 45 .
_____	_____	_____ .
_____	_____	_____ .
_____	_____	_____ .
_____	_____	_____ .

4 Am Wochenende

⊙ 2.5 **a Hören Sie und schreiben Sie die Aktivitäten zu den Bildern.**

Essen kochen • Wohnung putzen • Wäsche waschen • Zeitung lesen •
Deutsch lernen • Freunde besuchen • ins Kino gehen • ~~Fernsehen schauen~~ •
Wäsche bügeln

Fernsehen schauen _____

_____ _____ _____

_____ _____ _____

⊙ 2.6 **b Hören Sie und sprechen Sie nach. Markieren Sie _ lang oder . kurz.**

das E̡ssen • die Zeitung • das Kino • das Fernsehen • die Wäsche • die Wohnung •

kochen • lesen • schauen • putzen • waschen • bügeln

⊙ 2.7 **c Was macht Sylvia am Wochenende? Hören Sie. Markieren Sie.**

Essen kochen • Wohnung putzen • Wäsche waschen • Wäsche bügeln •
Zeitung lesen • Deutsch lernen • Freunde besuchen • ins Kino gehen •
Fernsehen schauen • Musik hören

⊙ 2.7 **d Hören Sie noch einmal.**
Was macht Sylvia gerne ☺
und was nicht gerne ☹?

Freunde besuchen	☺̸	☹
Essen kochen	☺	☹
Fernsehen schauen	☺	☹
Wohnung putzen	☺	☹
Deutsch lernen	☺	☹

e Und du? Fragen Sie im Kurs.

Was machst du nicht gerne?

Was machst du gerne?

Bügeln. Und du?

Ich auch nicht.

Fernsehen schauen. Und du?

5 Freizeit

2.8 **a Die Woche – Hören Sie zu und sprechen Sie nach.**

  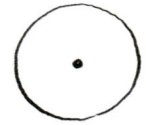    

| Montag | Dienstag | Mittwoch | Donnerstag | Freitag | Samstag | Sonntag |

b Was machen Sie diese Woche? Sehen Sie die Anzeigen an. Schreiben Sie die Wochentage in die Tabelle.

(A) **Der FitnessTempel**
Neu in Wörth
Fitness und Wellness für alle
Täglich von 7 bis 22 Uhr

Individuelle Trainingspläne:
Informieren Sie sich!

(B) **CinePalast**
Kino am Wochenende
Samstag
16 und 18 Uhr
„Batman 8"

Sonntag 10 Uhr
„König der Löwen"

Eintritt 8 Euro für alle

(C) **Erlebnisbad Rheinaue**
Schwimmkurse für alle

SA und SO von 10 bis 13 Uhr

Informieren Sie sich unter
07271-88089

(D) **Die kleine Komödie**
im Stadthaus
NEUES PROGRAMM
„Der Besuch von Onkel Maja"
Theaterstück von Anna List

Freitag bis Sonntag
jeweils 20 Uhr

(E) **DIE OASE**
Deutsche und griechische Küche
vom Imbiss bis zum Menü

Genießen Sie unseren Biergarten am Rhein.
Öffnungszeiten:
Dienstag bis Sonntag 12 Uhr bis 24 Uhr.

(F) **Rock am Rhein**

Samstag 23.8. und Sonntag 24.8.

12 Bands aus der Region spielen
Rockmusik vom Feinsten.

Beginn: Samstag 12 Uhr
Ende: Sonntag 20 Uhr

Sport machen	essen gehen	ins Kino gehen	ins Konzert gehen	ins Theater gehen	schwimmen gehen
Samstag					

c Was machen Sie wann? Sprechen Sie.

Am Samstag mache ich Sport.

d Welche Aktivität aus der Anzeige machen Sie gerne? Sprechen Sie.

Ich gehe gerne ins Fitnessstudio.

6 Hast du Zeit?

⊙ 2.9 **a Hören Sie. Ergänzen Sie die Dialoge.**

Samstag • Wochenende • 20 • Dienstag • ~~Kino~~ • acht • Uhr • wie viel

Dialog 1

● Kommst du mit ins ____Kino____ ?
○ Wann?

● Am _____ .
○ Gut. Was gibt's?
● Batman 8.

○ Um _____ _____ Uhr?
● Um _____ Uhr 30.

Dialog 2

● Hast du am _____ Zeit?
○ Samstag oder Sonntag?

● Ich gehe am _____ schwimmen.
○ O. k., ich komme mit. Um wie viel Uhr?

● Um _____ ?
○ Was? Um acht _____ ? Nein!
● O. k., O. k., dann um neun.

⊙ 2.10 **b Schritt für Schritt – Üben Sie.**

1. … Zeit? → … am Samstag Zeit? → Hast du am Samstag Zeit?
2. … ins Kino? → … mit ins Kino? → Kommst du mit ins Kino?
3. … schwimmen. → … am Montag schwimmen. → Ich gehe am Montag schwimmen.
4. … mit. → … ich komme mit. → O. k., ich komme mit.

⊙ 2.11 **c Hören Sie zu. Ordnen und schreiben Sie den Dialog. Lesen Sie laut.**

__ Am Samstag habe ich keine Zeit.
　 Am Samstag arbeite ich.

__ Freitag ist gut. Um wie viel Uhr?

_1_ Ich grille am Samstag. Kommst du?

__ Um 18 Uhr?

__ O. k., super.

__ Und Freitag?

d Machen Sie Verabredungen.

 Kommst du mit ins Theater?　　Wann?

e Ergänzen Sie die SMS.

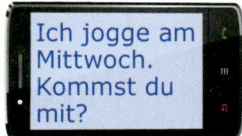 Ich jogge am Mittwoch. Kommst du mit?

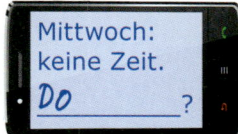 Mittwoch: keine Zeit. Do_____ ?

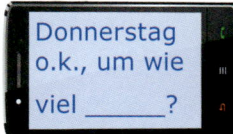 Donnerstag o.k., um wie viel _____ ?

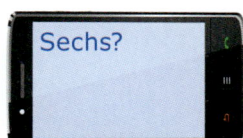 Sechs?

 Um _____ o.k.! Bis dann!

f Schreiben Sie zu zweit SMS wie in 6e.

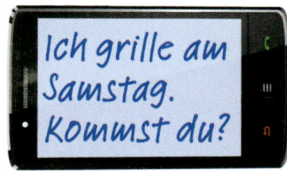 Ich grille am Samstag. Kommst du?

Auf einen Blick

1 Vokal sprechen

⊙ 2.12 **Sprechen Sie den Vokal „neu". Hören Sie und sprechen Sie.**

Um |acht • elf |Uhr • um |eins • am |Abend • um |ein |Uhr • um |elf |Uhr |am |Abend
Wann essen Sie?↗   Am Mittag oder am Abend?↗   Am Abend, um achtzehn Uhr.↘

2 Rhythmus üben

⊙ 2.13 **Hören Sie und sprechen Sie.**

Es sen ko chen	Ich koche Essen.↘	Ich koche am Abend Essen.↘
Zei tung le sen	Ich lese Zeitung.↘	Ich lese am Morgen Zeitung.↘
Freun de be su chen	Ich besuche Freunde.↘	Ich besuche am Wochenende Freunde.↘

3 ei, eu, au

⊙ 2.14 **Hören Sie und sprechen Sie nach.**

„ai"   heißen • zwei • keine Zeit   Um zwei habe ich keine Zeit.↘
„au"   auch • zu Hause • Fernsehen schauen   Paul schaut zu Hause Fernsehen.↘
„oi"   Deutsch • neun • mein Freund   Mein Freund lernt Deutsch.↘

Der Tag

der Morgen – am Morgen
der Vormittag – am Vormittag
der Mittag – am Mittag
der Nachmittag – am Nachmittag
der Abend – am Abend
die Nacht – in der Nacht

Die Woche

Montag
Dienstag
Mittwoch
Donnerstag
Freitag
Samstag
Sonntag

Die Zeit

Wie viel Uhr ist es?   Es ist drei Uhr.
Wann klingelt dein Wecker?   Um 6 Uhr 45.
Wann frühstückst du?   Um 7 Uhr.
Wann arbeitest du?   Bis 18:00 Uhr.
Wann hast du Mittagspause?   Von 12:30 bis 13 Uhr.

Verabredungen

Kommst du am Samstag mit ins Kino?   Ja, ich komme mit.
Was gibt's?   Batman 11.
Um wie viel Uhr?   Um 20 Uhr 30.
Hast du am Sonntag Zeit?   Nein, leider nicht.

Grammatik

Sätze mit Zeitangaben

	Position 2: Verb	
Ich	bin	um 17 Uhr 45 zu Hause.
Um 17 Uhr 45	bin	ich zu Hause.
Ich	mache	um 19 Uhr Abendessen.
Um 19 Uhr	mache	ich Abendessen.

Lernen lernen

Lernen Sie mit allen Sinnen

    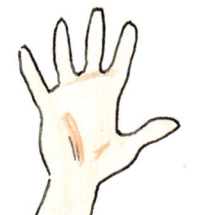 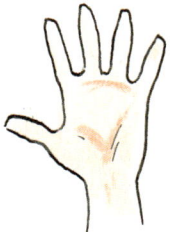

7 Berufe

1 Berufe

⊙ 2.15 **a** Was sind die Menschen von Beruf? Hören Sie und ordnen Sie die Situationen 1–9 den Fotos zu.

der Kellner ____

die Krankenschwester ____

der Frisör ____

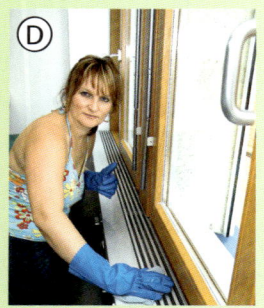
die Hausfrau ____

der Taxifahrer _1_

die Köchin ____

die Verkäuferin ____

die Lehrerin ____

der Elektriker ____

⊙ 2.16 **b** Hören Sie und sprechen Sie nach. Markieren Sie _ lang oder . kurz.

der Elektriker • die Hausfrau • die Köchin • die Verkäuferin • der Kellner • die Krankenschwester • der Taxifahrer • der Frisör • die Lehrerin

c Ergänzen Sie die Buchstaben

d _e_ _r_ Kell _n_ _e_ _r_ d _ _ _ H _ _ _ _ frau d _ _ _ Ver _ _ _ _ _ erin

d _ _ _ T _ _ _ _ f _ _ _ er d _ _ _ K _ _ _ _ in d _ _ _ Fr _ _ ör

d _ _ _ El _ _ t _ _ _ _ er d _ _ _ K r _ _ _ _ _ n _ _ _ _ wester

⊙ 2.17 **d Mann oder Frau? Hören und schreiben Sie.**

 ☿	♀
der Hausmann	die Hausfrau
der Verkäufer	
	die Frisörin
	die Taxifahrerin
der Koch	
	die Kellnerin
der Krankenpfleger	

e Welche Berufe kennen Sie noch?

2 Was sind Sie von Beruf?

⊙ 2.18 **a Hören Sie. Welches Foto passt zu welchem Dialog?**

Dialog 1 ____
● Was sind Sie von Beruf?
○ Ich bin Verkäuferin.

Dialog 2 ____
● Was bist du von Beruf?
○ Ich bin Frisörin von Beruf. Ich bin jetzt Hausfrau.

Dialog 3 ____
● Was bist du von Beruf?
○ Ich bin Elektriker. Aber ich arbeite jetzt nicht.

b Lesen Sie die Dialoge laut.

c Was sind Sie von Beruf? Fragen Sie fünf Personen.

Was bist du von Beruf? *Ich bin Gärtner. Was bist du von Beruf?* *Ich bin Hausfrau.*

d Berichten Sie im Kurs. Machen Sie eine Kursliste.

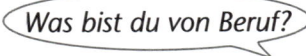
Ramo ist Gärtner und Teuta ist …

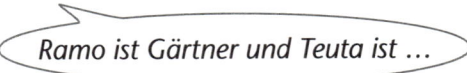
Ramo: Gärtner
Teuta: Hausfrau …

3 Wo arbeiten Sie?
a Wo ist das? Ordnen Sie zu.

auf der Baustelle ___E___   bei Opel _____   im Supermarkt _____

im Restaurant _____   im Krankenhaus _____   zu Hause _____

2.19 **b Wo arbeitet Frau Köse? Hören Sie und kreuzen Sie an.**

☐ auf der Baustelle   ☐ zu Hause   ☐ im Supermarkt   ☐ im Restaurant

2.19 **c Hören Sie noch einmal und lesen Sie mit.**

Frau Köse ist Verkäuferin von Beruf. Sie arbeitet jeden Tag von 7:30 bis 12:30 Uhr im Supermarkt. Ihr Mann ist Kellner im Hotel „Zur Sonne". Am Samstag hilft sie da im Restaurant. Frau Köse ist auch Hausfrau. Sie arbeitet zu Hause. Sie kocht und putzt. Und sie wäscht die Wäsche.

2.20 **d Hören Sie. Wo arbeiten die Leute? Ergänzen Sie die Sätze.**

auf der Baustelle • im Frisörsalon • im Krankenhaus • im Restaurant • in der Bäckerei

1. Die Frisörin arbeitet _im Frisörsalon_____.

2. Die Krankenschwester arbeitet _____.

3. Der Elektriker arbeitet _____.

4. Der Kellner arbeitet _____.

5. Die Verkäuferin arbeitet _____.

e Schreiben Sie über sich. Die anderen raten.

Ich bin Küchenhilfe. Ich arbeite bei Opel in Rüsselsheim.

Das ist Filipa!

4 Bist du der Chef?

2.21 **a Hören Sie. Lesen Sie mit.**

2.21 **b Hören Sie noch einmal.
Beantworten Sie die Fragen.**

● Papa, hast du Zeit?
○ Nein.
● Arbeitest du?
○ Ja.
● Arbeitest du am Computer?
○ Ja.
● Bist du der Chef?
○ Nein. Ich habe eine Chefin, Frau Bender.
● Ist Frau Bender nett?
○ Hmm … nein!
● … Papa, spielst du mit mir Fußball?
○ Na gut, aber nur eine halbe Stunde.

	Ja	Nein
Hat der Vater Zeit?	☐	☐
Arbeitet der Vater am Computer?	☐	☐
Ist der Vater der Chef?	☐	☐
Heißt die Chefin Frau Bender?	☐	☐
Ist die Chefin nett?	☐	☐

c Ergänzen Sie die Fragen.

1. ___Bist du___ Elektriker? Nein, ich bin Verkäufer.
2. _____ bei Aldi? Nein, ich arbeite bei Lidl.
3. _____ Frisörin? Ja, ich bin Frisörin.
4. _____ in der Pizzeria? Nein, ich arbeite im Hotel.
5. _____ heute zu Hause? Ja, ich bin am Nachmittag zu Hause.
6. _____ heute Zeit? Nein, ich habe keine Zeit.

d Schreiben Sie Fragen. Tauschen Sie im Kurs und antworten Sie.

Bist du Kellnerin?
Nein, ich bin Köchin.

Arbeitest du im Krankenhaus?
Ja, ich arbeite im Krankenhaus.

e Pantomime – Spielen Sie einen Beruf. Die anderen raten.

Was bin ich?

Bist du Ingenieur?

Nein.

Bist du Frisör?

Ja!

5 Wie lange sind Sie schon hier?
a Lesen Sie und beantworten Sie die Fragen.

Ich heiße Sua Pridi. Ich komme aus Thailand, aus Yala. Ich bin 31 Jahre alt. Ich bin Krankenschwester von Beruf. Seit 2005 arbeite ich im Krankenhaus. Ich bin seit 2010 in Deutschland. Wir wohnen seit zwei Jahren in Frankfurt. Mein Mann arbeitet am Flughafen bei Fraport. Wir haben zwei Töchter. Ich lerne seit 10 Monaten Deutsch.

Sua kommt aus der Türkei.	Richtig	~~Falsch~~
Sie ist Krankenschwester von Beruf.	Richtig	Falsch
Sie ist seit 2008 in Deutschland.	Richtig	Falsch
Der Mann von Sua hat keine Arbeit.	Richtig	Falsch
Die Familie wohnt seit zwei Jahren in Frankfurt.	Richtig	Falsch
Sua lernt seit drei Monaten Deutsch.	Richtig	Falsch

seit 2010
seit 12 Jahre**n**
seit vier Monate**n**

⊙ 2.22 **b Hören Sie und ergänzen Sie.**

Dialog 1
● Wie lange sind Sie schon in Deutschland?
○ Ich bin schon _____ in Deutschland.

Dialog 2
● Wie lange sind Sie schon hier?
○ Ich bin _____ hier.

Dialog 3
● Wie lange wohnen Sie schon in Frankfurt?
○ Wir wohnen _____ in Frankfurt.

⊙ 2.23 **c Schritt für Schritt – Üben Sie.**

1. … in <u>Bonn</u>? → … bist du schon in <u>Bonn</u>? → Wie lange bist du schon in <u>Bonn</u>?
2. … in <u>Bonn</u>. → … seit 3 Jahren in <u>Bonn</u>. → Ich bin seit 3 Jahren in <u>Bonn</u>.

d Fragen und antworten Sie.

Kamila, wie lange bist du schon in Deutschland?

Ich bin seit fünf Jahren in Deutschland.

Ich auch!

6 Das sind wir!

a Schreiben Sie *Wir*-Sätze.

wir **sind**
wir **arbeiten**
wir **wohnen**

seit sechs Monaten in Deutschland / wir / sein

Wir sind seit sechs Monaten in Deutschland.

wohnen / wir / in Frankfurt

Wir _____

am Flughafen / wir / arbeiten

_____

zwei Kinder / haben / wir

_____

wir / Deutsch / lernen

_____

b Schreiben Sie Zettel über sich und machen Sie ein *Wir*-Plakat im Kurs.

- Wie heißen Sie?
- Wie alt sind Sie?
- Woher kommen Sie?
- Wo wohnen Sie?
- Was sind Sie von Beruf?
- Wie lange sind Sie schon in Deutschland?

NAME

Pablo

Auf einen Blick

1 ch, w/f/v

🔘 2.24 **Hören Sie und sprechen Sie.**

1. „ch"	2. „ch"	3. „w"	4. „f"
ich	auch	wir	fünf
nicht	das Buch	wohnen	der Beruf
die Köchin	der Koch	waschen	vier
sprechen	die Sprache	die Wäsche	der Verkäufer

2 r

🔘 2.25 **a Hören Sie und sprechen Sie.**

„r" der Beruf • die Hausfrau •
lernen • das Restaurant
„a" der Kellner • der Vater •
vier Kinder • der Verkäufer

r	„r"	Reis, Frau, Beruf
-er(n), -r	„a"	Kellner, Eltern, Uhr
ver-		Verkäufer, verheiratet

Rolf ist Krankenpfleger und arbeitet im Krankenhaus.↘
Gül ist Hausfrau, sie hat vier Kinder und arbeitet zu Hause.↘

🔘 2.26 **b Sie hören „r". Markieren Sie bitte und sprechen Sie.**

der **Kell** ner   die **Kell** ne _rin_   der **Leh** rer   die **Leh** re rin

der **Ta** xi fah _rer_   die **Ta** xi fah re rin   der E **lek** tri ker   die E **lek** tri ke rin

Was sind Sie von Beruf?

Was bist du von Beruf? / Was sind Sie von Beruf?
Ich bin Elektriker/Elektrikerin.
Aber ich arbeite jetzt nicht.
Ich bin jetzt Hausfrau.

Wo arbeiten Sie?

Wo arbeitest du? / Wo arbeiten Sie?
Ich arbeite im Supermarkt / auf der
Baustelle / bei Opel / zu Hause.

Wie lange sind Sie schon hier?

Wie lange bist du schon
in Deutschland?
  Ich bin schon seit
  2010 in Deutschland.

Wie lange sind Sie
schon in Deutschland?
  Schon seit drei
  Jahren / vier Monaten.

Grammatik

1 **Berufsbezeichnungen: männlich und weiblich**

der Kellner – die Kellner**in**
der Frisör   – die Frisör**in**
der Lehrer – die Lehrer**in**

(⚠ der Haus**mann** – die Haus**frau**
der Kranken**pfleger** – die Kranken**schwester**)

2 **Ja/Nein-Frage**

Satzanfang					Position 2	
Arbeitest	du	bei Opel?	Ja,	ich	arbeite	bei Opel.
			Nein,	ich	arbeite	bei Audi.
Hast	du	Zeit?	Ja,	ich	habe	Zeit.
			Nein,	ich	habe	keine Zeit.
Bist	du	Ingenieur?	Ja,	ich	bin	Ingenieur.
			Nein,	ich	bin	Elektriker.

Ja/Nein-Frage: Das Verb steht am Satzanfang.

3 **Wir**

ich **bin**   wir **sind**   ich arbeit**e**   wir arbeit**en**

Lernen lernen

Lernen Sie Wörter zusammen.

das Krankenhaus die Krankenschwester der Krankenpfleger	arbeiten die Arbeit der Beruf die Mittagspause der Chef	die Mutter der Vater

Mein Körper

1 Der Körper
a Sehen Sie das Bild an. Welche Körperteile kennen Sie schon? Sammeln Sie.

1. das _A_____

2. das _O_____

3. die _N_____

4. der _M_____

5. der _Z_____

6. der _H_____

7. die _H_____

8. der _K_____

9. der _R_____

10. der _B_____

11. der _A_____

12. die _H_____

13. der _F_____

14. das _B_____

15. der _F_____

○ 2.27 **b Hören Sie und lesen Sie mit. Lesen Sie dann laut.**

der Arm • das Auge • der Bauch • das Bein • der Finger • der Fuß • der Hals • die Hand •
der Kopf • der Mund • die Nase • das Ohr • der Rücken • der Zahn • die Haare

○ 2.28 **c Hören Sie und ergänzen Sie die Wörter in 1a.**

d Verbinden Sie Wörter und Körperteile.

○ 2.29 **e Hören Sie das Lied und machen Sie nach.**

f Ergänzen Sie.

Singular	Plural	Singular	Plural
_ein Arm_____	zwei Arme	_____	zwei Füße
_ein_____	zwei Augen	_eine_____	zwei Hände
_____	zwei Beine	_____	zwei Ohren
_____	zehn Finger	_____	zweiunddreißig Zähne

2 Wie geht es?

a Was sagen die Personen? Kreuzen Sie an.

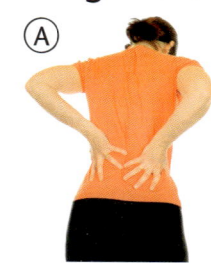 Ⓐ   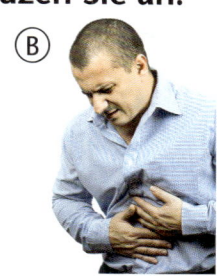 Ⓑ    Ⓒ

1.
  ☐a Mein Bein tut weh.
  ☐b Mein Rücken tut weh.
  ☐c Meine Hand tut weh.

2.
  ☐a Mein Bauch tut weh.
  ☐b Mein Knie tut weh.
  ☐c Meine Augen tun weh.

3.
  ☐a Meine Beine tun weh.
  ☐b Mein Fuß tut weh.
  ☐c Mein Zahn tut weh.

⊙ 2.30 **b Schritt für Schritt – Üben Sie.**

… Fuß tut weh. → Mein Fuß tut weh.
… Hand tut weh. → Meine Hand tut weh.
… Beine tun weh. → Meine Beine tun weh.

⊙ 2.31 **c Hören Sie. Was sagen Gül, Pablo und Ana?**

Gute Besserung!

 Ⓐ    Ⓑ    Ⓒ

	Gül	Pablo	Ana
Es geht mir nicht so gut. ☺	☐	☐	☐
Es geht mir schlecht. ☹	☐	☐	☐
Es geht mir sehr schlecht. ☹	☐	☐	☐

⊙ 2.31 **d Hören Sie noch einmal und ergänzen Sie.**

Mein Bauch tut weh.   ~~Mein Kopf tut weh.~~   Meine Hand tut weh.

Gül: _Mein Kopf tut weh._   Pablo: _____   Ana: _____

e Kleben Sie Zettel auf Ihren Körper. Spielen Sie.

Wie geht es dir?

Nicht so gut. Mein Bein tut weh.

Wie geht es Ihnen?	Nicht so gut.
Wie geht es dir?	Schlecht.
	Sehr schlecht.
	Mein/Meine … tut weh.
	Meine … tun weh.

3 Krank oder gesund?

a Sehen Sie die Bilder an. Schreiben Sie.

1. Bauchschmerzen • 2. Kopfschmerzen • 3. Fieber • 4. Husten • 5. Halsschmerzen

 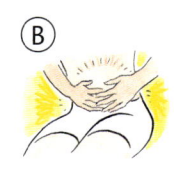  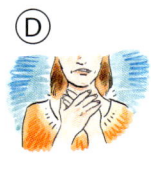 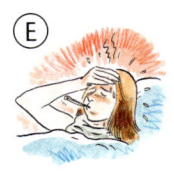

(A) ___4___ (B) _____ (C) _____ (D) _____ (E) _____

b Was sagt Finn? Hören Sie und kreuzen Sie an.

⊙ 2.32

☒ Ich bin krank.
☐ Ich habe Kopfschmerzen.
☐ Ich habe Bauchschmerzen.
☐ Ich habe Fieber.

☐ Ich habe Schnupfen.
☐ Ich habe Husten.
☐ Ich habe Halsschmerzen.
☐ Ich habe Ohrenschmerzen.

c Hören Sie und sprechen Sie nach.

⊙ 2.33

Ich bin krank. • Mein Hals tut weh. • Meine Beine tun weh. • Ich habe Fieber. •
Ich habe Halsschmerzen. • Ich habe Husten. • Ich habe Schnupfen.

d Wie geht es Ihnen? – Ergänzen Sie.

Fieber • krank • tun weh • ~~Bauchschmerzen~~ • Kopfschmerzen • Schnupfen • Husten

Ich habe *Bauchschmerzen.* _____

Ich habe _____

Meine Ohren _____

Ich habe _____

Ich habe _____

Ich habe _____

Ich bin _____

e Kettenspiel – Spielen Sie.

Bauch • krank • schlecht • Fieber • Kopf • sehr schlecht • Husten • Hals • Schnupfen ...

Gül, wie geht es dir?

Nicht so gut, ich habe Bauchschmerzen. Ana, wie geht es dir?

Schlecht, ich bin krank. Pablo, wie geht es dir?

...

4 Sprechzeiten

a Was ist das? Kreuzen Sie an.

☐ Sprechzeiten vom Lehrer
☐ Sprechzeiten vom Arzt
☐ Sprechzeiten vom Chef

Praxis Dr. med. Hannes Mailänder		
Arzt für Allgemeinmedizin und Kinderarzt		
Montag	08:30–12:30 Uhr	16:00–18:00 Uhr
Dienstag	08:30–12:30 Uhr	
Mittwoch	08:30–12:30 Uhr	16:00–18:00 Uhr
Donnerstag	geschlossen	
Freitag	geschlossen	
alle Kassen		
Telefon: 069 1255746 · Telefax: 069 1255747		

b Wann arbeitet Dr. Mailänder? Lesen Sie und antworten Sie.

Dr. Mailänder arbeitet am Montag ab 8:30 Uhr.   ~~Richtig~~   Falsch

Dr. Mailänder arbeitet am Dienstag von 9:00 bis 17:00 Uhr.   Richtig   Falsch

Dr. Mailänder arbeitet am Mittwoch Vormittag und Nachmittag.   Richtig   Falsch

Dr. Mailänder arbeitet am Donnerstag bis 18:00 Uhr.   Richtig   Falsch

Dr. Mailänder arbeitet am Freitag nicht.   Richtig   Falsch

5 Termine

2.34 **a Ein Anruf – Hören Sie. Was ist richtig? Kreuzen Sie an.**

☐ Eine Frau ist krank.   ☐ Eine Frau braucht einen Termin.

2.34 **b Hören Sie noch einmal. Was sagt die Mutter? Ergänzen Sie den Anruf.**

○ Maier, guten Morgen. Mein Kind ist sehr krank.
Ich brauche einen Termin.

○ Auf Wiederhören.

○ Gut, danke. Bis dann.

○ Es hat Fieber, 40 Grad. Es ist sehr müde.
Und es hat Ohrenschmerzen.

● Praxis Dr. Mailänder, guten Morgen. Was kann ich für Sie tun?

○ _____

● Was hat das Kind?

○ _____

● Aha, kommen Sie bitte heute um 12:30 Uhr.

○ _____

● Auf Wiederhören.

○ _____

6 **Brauchen Sie Hilfe? Fragen Sie Dr. Mailänder.**
a Was ist das Problem? Ordnen Sie die Bilder A–D den Aussagen 1–4 zu.

Ⓐ 　Ⓑ 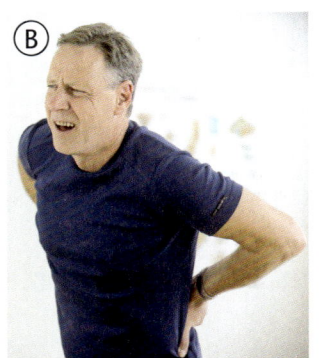　Ⓒ 　Ⓓ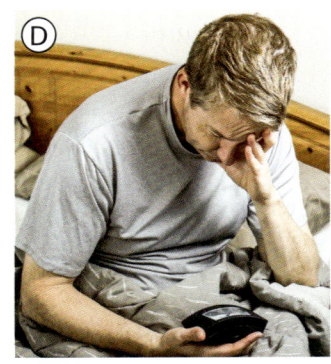

____2____　　_____　　_____　　_____

1. Mein Kind hat Fieber und Ohrenschmerzen.
2. Ich habe Kopfschmerzen.
3. Ich habe Rückenschmerzen.
4. Ich bin immer müde.

b Was antwortet Dr. Mailänder? Ordnen Sie die Tipps den Aussagen 1–4 zu.

a) Machen Sie Sport!　　　　　____3____

b) Schlafen Sie mehr!　　　　　_____

c) Nehmen Sie Schmerztabletten!　_____

d) Kommen Sie sofort in die Praxis!　_____

c Ergänzen Sie die Verben aus a–d.

_____Machen_____　_____Sie_____ Sport!

_____　_____ in die Praxis!

_____　_____ Schmerztabletten!

_____　_____ mehr!

machen	Machen Sie …!
schlafen	Schlafen Sie …!
nehmen	Nehmen Sie …!
kommen	Kommen Sie …!

7 **Entschuldigung für die Schule**
a Ergänzen Sie den Text.

meinSohnFinnistsehrkrank.ErhatFieber
undOhrenschmerzen.Erkommtheute
nichtindieSchule.BittegebenSieMarie
dieHausaufgaben.HerzlichenDank!

**b Schreiben Sie eine Entschuldigung
wie im Beispiel.**

Pestalozzischule – Frau Pauli, Klasse 4b

Sehr geehrte Frau Pauli,

mein Sohn _____

_____

_____

_____

_____

_____

Mit freundlichen Grüßen
Gül Parlak

8 Tipps für Gregori
a Geben Sie Tipps.

~~nehmen~~

bleiben

trinken

Wasser

zu Hause

fragen

Pizza

essen

Getränke und Chips

~~Schmerztabletten~~

kaufen

die Lehrerin

Gregori:	Hilfe! Ich habe Kopfschmerzen.	14.46
9malklug:	*Nehmen Sie Schmerztabletten!*	
Gregori:	Ich habe Hunger.	19:31
9malklug:		
Gregori:	Ich mache eine Party.	21:56
9malklug:		
Gregori:	Ich verstehe die Hausaufgabe nicht.	23:12
9malklug:		
Gregori:	Ich bin krank.	06:48
9malklug:		
Gregori:	Ich habe Durst!	08:48
9malklug:		

b Spielen Sie. Verbinden Sie A mit B. Geben Sie dann Tipps.

A
Hunger / haben
Durst / haben
krank / sein
eine Party / machen
Kopfschmerzen / haben
den Text / nicht verstehen
…

B
Schmerztabletten / nehmen
ein Glas Wasser / trinken
Getränke / kaufen
die Lehrerin / fragen
eine Pizza / essen
zu Hause / bleiben
…

Ich habe Hunger.   *Essen Sie eine Pizza!*

Aussprachetraining

1 -t, -d und k(s), x

⊙ 2.35 **a Hören Sie und sprechen Sie nach.**

„t"   tut weh • nicht • es geht • und •
das Kind • die Hand

„k, ks" der Tag • Montag • du fragst •
du trinkst • die Praxis • der Text

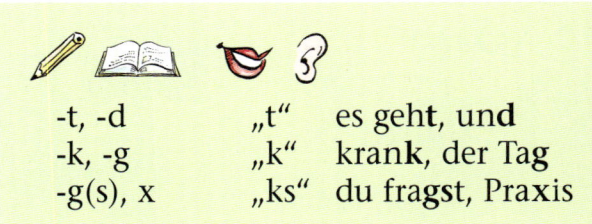

-t, -d	„t"	es geht, und
-k, -g	„k"	krank, der Tag
-g(s), x	„ks"	du fragst, Praxis

⊙ 2.36 **b Hören Sie und sprechen Sie nach.**

Montag gehen wir zum Arzt.↘ Mein Kind ist krank und hat 39 Grad Fieber.↘
Trinkst du genug Tee?↗ Fragst du den Arzt?↗ Wann ist die Praxis geöffnet?↗

2 Viele Konsonanten

⊙ 2.37 **Hören Sie und sprechen Sie nach.**

langsam   normal

H a l s s c h m e r z e n   die **Hals** schmer zen
K o p f s c h m e r z e n   die **Kopf** schmer zen
B a u c h s c h m e r z e n   die **Bauch** schmerzen
F a c h ä r z t i n   die **Fach** ärz tin
S p r e c h z e i t e n   die **Sprech** zei ten

TIPP Wörter sind schwierig?
– Sprechen Sie zuerst
  langsam, dann normal.
– Sprechen Sie jeden Laut.
– Achten Sie auf den
  Wortakzent.
– Üben Sie die Aussprache
  immer laut!

Im Alltag

Entschuldigungen

Feilitz-Schule, z. Hd. Frau Maier

Sehr geehrte Frau Maier,
Laura hat heute Fieber. Sie kommt nicht in die Schule.
Bitte geben Sie Maxim die Hausaufgaben.

Herzlichen Dank!
Mit freundlichen Grüßen

Wie geht es?

Es geht mir nicht so gut.   Mein Bein / mein Bauch tut weh. Meine Ohren tun weh.
Es geht mir schlecht.   Ich habe Kopfschmerzen / Halsschmerzen.
Es geht mir sehr schlecht.   Ich habe Schnupfen / Husten / Fieber. Ich bin krank.

Arzttermine

Was kann ich für Sie tun?   Ich brauche einen Termin.

Verben: Imperativ

machen	→	Machen Sie Sport!
schlafen	→	Schlafen Sie mehr!
nehmen	→	Nehmen Sie Schmerztabletten!
kommen	→	Kommen Sie sofort in die Praxis!
trinken	→	Trinken Sie Wasser!
fragen	→	Fragen Sie die Lehrerin!
essen	→	Essen Sie Obst!

	Satzanfang				**Satzende**
lesen	Lesen	Sie			den Text.
vorlesen	Lesen	Sie	den Text	vor .	
schreiben	Schreiben	Sie			den Satz.
aufschreiben	Schreiben	Sie	den Satz	auf !	

Anrufe vorbereiten

Dr. Müller anrufen:

Was fragt die Arzthelferin?	Was sagen Sie?
– Was kann ich für Sie tun?	→ Ich habe Fieber.
– Was hat Finn?	→
– Ist ein Termin morgen ok?	→

Kleidung

1 Kleidungsstücke

a Sehen Sie die Bilder an. Was kennen Sie? Sammeln Sie.

Ⓐ

Ⓑ

Ⓒ

Ⓕ

Ⓓ

Ⓔ

⊙ 2.38 **b** Was ist was? Hören Sie zu. Schreiben Sie die Buchstaben zu den Wörtern.

der	**das**	**die**	**die** (Plural)
_F_ ein Mantel	____ ein Hemd	____ ein**e** Hose	____ Handschuhe
____ ein Hut	____ ein T-Shirt	____ ein**e** Jacke	____ Schuhe
____ ein Rock	____ ein Jackett	____ ein**e** Jeans	____ Stiefel
____ ein Schal	____ ein Kleid	____ ein**e** Krawatte	____ Strümpfe
____ ein Pullover	____ ein Kopftuch	____ ein**e** Mütze	
		____ ein**e** Bluse	

⊙ 2.38 **c** Hören Sie und sprechen Sie nach. Markieren Sie in 1b _ lang oder . kurz.

d Arbeiten Sie zu zweit. Sprechen Sie wie im Beispiel.

Wie heißt das auf Deutsch?

Krawatte, die Krawatte. Und wie heißt das?

Hemd, das Hemd.

2 Kleidung im Kurs

a Artikel *ein, eine* – Lesen Sie die Tabelle links und ergänzen Sie rechts.

> *Was **ist** das?*

> *Was ist das?*

der Hut	Das ist ein Hut.
das Hemd	Das ist ein Hemd.
die Hose	Das ist ein**e** Hose.
die Schuhe (Plural)	Das sind Schuhe.

der Mantel	Das ist *ein* Mantel.
___ T-Shirt	Das ist ___ T-Shirt.
___ Bluse	Das ist ___ Bluse.
___ Strümpfe	Das sind ___ Strümpfe.

b Was ist das? Sprechen Sie.

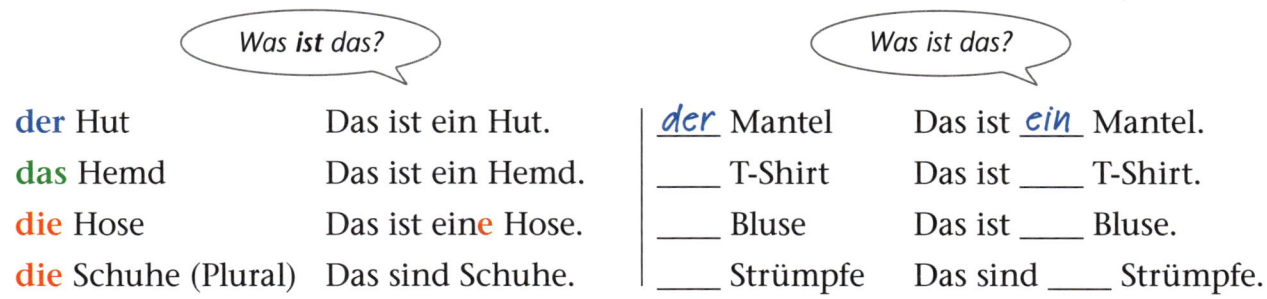

> *Das ist ein Hemd.*

c Sammeln Sie Kleidungsstücke im Kurs. Sprechen Sie wie im Beispiel.

3 Mode-Kaufhaus

a Sehen Sie das Schild an. Wo steht so ein Schild? Was zeigt es?
Kennen Sie noch andere Schilder?

b Lesen Sie. Wo findet man was? Lösen Sie die Aufgaben 1–6.

5. OG*	Restaurant / Toiletten
4. OG	Kindermode, Anoraks, Sportbekleidung, Damenunterwäsche
3. OG	Jacken, Mäntel, Herrenanzüge, Herrenschuhe, Damenschuhe
2. OG	Kleider, Röcke, Blusen, Damen, Accessoires
1. OG	Herrenhosen, Herrenunterwäsche, Jeans, Damenhosen

* OG = Obergeschoss

1. Sie haben einen Sohn. Er ist 9 Jahre alt.
   Er braucht eine Hose.
2. Eine Freundin hat ein Baby. Sie suchen ein Geschenk.
3. Herr Bahr sucht einen Anzug.
4. Sie haben Hunger.
5. Frau Özal sucht einen Rock.
6. Es ist kalt in Deutschland. Sie brauchen warme Kleidung.

> 1 Kindermode – 4. Stock

c Schreiben Sie die Nomen im Singular mit Artikel. Markieren Sie die Pluralformen.

Singular	Plural	Singular	Plural
der Herr	die Herren	_____	die Pullover
_____	die Damen	_____	die Strümpfe
_____	die Blusen	_____	die Anzüge
_____	die Hemden	_____	die Schuhe
_____	die Hosen	_____	die Röcke
_____	die Kleider	_____	die Mäntel
_____	die Kinder	_____	die Jacketts

d Spielen Sie gemeinsam. A sagt ein Nomen im Singular. B sagt die Pluralform.

4 Sonderangebote

⊙ 2.39 **a Sprechen Sie die Preise.**

5,99 € • 6,59 € • 9,99 € • 25,79 € • 36,59 € • 44 € • 49,99 €

fünf Euro neunundneunzig

5,⁹⁹ €

⊙ 2.40 **b Hören Sie zu. Schreiben Sie die Preise.**

Liebe Kundinnen und Kunden, hier wieder ein paar super Sonderangebote …

Socken Damen/Herren 5 Paar — 5,⁹⁹ €	**Unterhemden** S/M/L/ XL/XXL — €	**Jeans** € Größen 32–38
Winterjacken für Kinder €	**Wintermützen** für Kinder €	**Stiefel** für Kinder €
Sommerröcke €	**Sommerkleider** €	**Freizeitblusen** €

⊙ 2.41 **c Schritt für Schritt – Üben Sie.**

… die W̲interjacke? → … kostet die W̲interjacke? → Was kostet die W̲interjacke?

… 99 E̲uro. → … kostet 99 E̲uro. → Die Winterjacke kostet 99 E̲uro.

d Fragen Sie nach den Preisen in 4b.

Was kosten die Socken?

Fünf Paar Socken kosten 5 Euro 99.

5 Was trägst du?

⊙ 2.42 **a Hören Sie den Dialog. Ergänzen Sie die Kleidungsstücke.**

● Was trägst du heute?

○ Ich trage einen _Pullover_____ , einen _____ , eine _____ und _____ . Und du?

● Ich trage ein _Jackett_____ , ein _____ , einen _____ und _____ .

⊙ 2.43 **b Schritt für Schritt – Üben Sie.**

… einen <u>Rock</u>. → … trage einen <u>Rock</u>. → Ich trage einen <u>Rock</u>.
… ein <u>Kleid</u>. → … trage ein <u>Kleid</u>. → Ich trage ein <u>Kleid</u>.
… eine <u>Hose</u>. → … trage eine <u>Hose</u>. → Ich trage eine <u>Hose</u>.
… <u>Stie</u>fel. → … trage <u>Stie</u>fel. → Ich trage <u>Stie</u>fel.

tragen	
ich	trage
du	trägst
er/es/sie	trägt

c Sehen Sie den Kasten an. Ergänzen Sie in 1–3 *ein, eine, einen oder – .*

		Nominativ		**Akkusativ**
der Rock	Das ist	ein Rock.	Ich trage	ein**en** Rock.

Merken Sie sich: Maskulinum Singular + *-en*.

1. Ich trage heute __*eine*__ Bluse, __*einen*__ Pullover, _____ Rock und __–__ Schuhe.
2. Sie trägt heute _____ Stiefel, _____ Mantel und _____ Mütze.
3. Er trägt heute _____ Anzug, _____ Armbanduhr und _____ Krawatte.

6 Was trägst du gerne ☺? Was trägst du nicht gerne ☹?
a Fragen Sie im Kurs.

Was trägst du gerne?

☺ Ich trage gerne Röcke und Blusen.

☺ Ich trage gerne Jeans.

☹ Ich trage nicht gerne Anzüge.

b Fragen und erzählen Sie.

Trägt Amir gerne Anzüge?

Nein, er trägt nicht gerne Anzüge.
Er trägt gerne Jeans.

7 Kleidung kaufen

⊙ 2.44 **a Hören Sie zu. Was suchen die Personen?**

1. Amir Omera braucht einen _____ für den Winter.

2. Gül Parlak sucht ein _____ für ihre Tochter Marie.

3. Samira Abirad sucht einen _____ für ihren Mann.

⊙ 2.45 **b Hören Sie und schreiben Sie die Farben.**

blau • braun • gelb • grau • grün • rot • ~~schwarz~~ • weiß

1	2	3	4	5	6	7	8
schwarz							

c Farben üben – Sprechen Sie im Kurs wie im Beispiel.

Sueli trägt einen Pullover. Der Pullover ist grün. Und Pjotr?

Pjotr trägt …

⊙ 2.46 **d Hören Sie zu und ergänzen Sie den Dialog.**

blau • ~~einen~~ • Größe • Kurz • Mann • sind • Winter

● Ich suche __*einen*__ Mantel.

○ Für Sie?

● Nein, für einen _____ .

○ Herrenmäntel _____ hier vorne. Winter oder Sommer?

● _____ .

○ Lang oder kurz?

● _____ . So bis hier.

○ Welche Farbe?

● Grau oder _____ oder grün.

○ Welche Größe?

● _____ 50 oder 52.

○ Gut, die sind hier rechts.

e Üben Sie den Dialog zu zweit.

8 Was kosten die Hemden?

⊙ 2.47 **a Hören und üben Sie den Dialog.**

● Was kosten die Hemden?
○ Die hier? Moment – 59 Euro.
● Oh, das ist aber teuer.

○ Hier sind Hemden im Angebot.
  Nur 19 Euro 99.
● Gut.

b Schreiben und spielen Sie den Dialog mit anderen Kleidungsstücken.

Mäntel: 199 € – Angebot: 99 €	Kleider: 129 € – Angebot 65 €.	Sportschuhe: 158 € – Angebot: 78 €

Auf einen Blick

1 Wortakzent

⊙ 2.48 **Hören Sie und klatschen Sie den Rhythmus. Sprechen Sie dann.**

der **Win**ter   die **Stie**fel   die **Win**terstiefel

die **Frei**zeit   die **Blu**sen   die **Frei**zeitblusen

der **Sport**   die **Schu**he   die **Sport**schuhe

die **Her**ren   der **Man**tel   der **Her**renmantel

der **Strumpf**   die **Ho**se   die **Strumpf**hose

2 Satzakzent

a Lesen Sie die Dialoge laut.
Welche Wörter sind schwierig?
Markieren Sie.

⊙ 2.49 **b Hören Sie und sprechen Sie nach.**

● Ich suche einen <u>Man</u>tel für meinen Mann.↘
○ <u>Gerne,</u>↘ <u>Herr</u>enmäntel sind hier vorne.↘

● Wo finde ich <u>Strumpf</u>hosen für Damen?↗
○ Strümpfe und Strumpfhosen sind hier <u>rechts</u>.↘

● <u>Kin</u>derstrumpfhosen auch?↗
○ <u>Nein,</u>↘ die <u>Kin</u>derabteilung ist im Obergeschoss.↘

● Mein Sohn braucht <u>Sport</u>schuhe.↘
○ Die Sportabteilung finden Sie hier <u>links</u>.↘

Haben Sie Wintermützen?

Was ist das?   Das ist eine Bluse.
                             Das sind Socken.

Wie heißt das auf Deutsch?   Bluse, die Bluse.
Sommer oder Winter?   Winter.
Lang oder kurz?   Lang.
Blau oder braun?   Blau.
Was suchen Sie?   Ich suche einen Pullover.
Welche Farbe?   Rot/Grün/Blau/… .
Welche Größe?   38.
Trägst du gerne Hosen.   Ja. /Nein.
                             Nein, ich trage nicht gerne Hosen.
                             Nein, ich trage gerne Röcke.

Ich brauche zwei.

Passt.

Das st… st… steht Ihnen gut!

Verben im Präsens

	regelmäßig brauchen, suchen, finden, kosten …	unregelmäßig tragen
ich	brauche	trage
du	brauchst	trägst
er/es/sie	braucht	trägt
wir	brauchen	tragen
ihr	braucht	tragt
sie/Sie	brauchen	tragen

Artikel: *ein, eine*

Wie heißt das auf Deutsch?	Was ist das?
Rock, **der** Rock.	Das ist ein Rock.
Hemd, **das** Hemd.	Das ist ein Hemd.
Bluse, **die** Bluse	Das ist ein**e** Bluse.
Socken, **die** Socken	Das sind – Socken.

Nominativ und Akkusativ: *ein, eine, einen*

	Nominativ		Akkusativ	
der Rock	Das ist	ein Rock.	Ich trage	ein**en** Rock.
der Hut	Das ist	ein Rock.	Ich trage	ein**en** Rock.

⚠ Maskulinum Akkusativ: ein**en** Genauso: kein**en**, mein**en**, Ihr**en** …

Merken Sie sich: Maskulinum Singular + *-en*.

Nach vielen Verben steht Akkusativ: brauchen, suchen, finden, kaufen, haben, tragen …

Ich (brauche) ein**en** Hut. (Hast) du ein**en** Mantel? Er (hat) ein**en** Mantel.

Sie (sucht) ein**en** Rock. Wo (finde) ich ein**en** Pullover? (Tragen) Sie gerne ein**en** Hut?

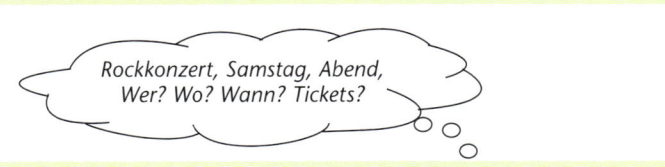

Rockkonzert, Samstag, Abend,
Wer? Wo? Wann? Tickets?

TIPP Fragen Sie immer: Welche Informationen brauche ich? Suchen Sie dann die Informationen im Text.

Endlich wieder in Coburg! Das Event des Jahres!

Samstag 25. Juli – 21:00 Uhr

Rock im **Westpark**

Die toten Hemden

Vorgruppe: *Turnschuh* · Eintritt: ab 18:00 Uhr
Vorverkauf: **Ticket**-Office am **Hauptbahnhof**

1 Links und rechts

⊙ 2.50   **a Hören Sie und sprechen Sie mit.**

⊙ 2.50   **b Hören Sie und gehen Sie mit.**

gehen Sie geradeaus

START

gehen Sie
nach links

gehen Sie
nach rechts

gehen Sie zurück

c Schreiben Sie Sätze.

links Gehen nach Sie .   *Gehen* _____

nach Sie Gehen rechts . _____

Gehen zurück Sie . _____

geradeaus Gehen Sie . _____

d Welcher Weg stimmt? Ordnen Sie die Sätze 1–3 den Bildern A–C zu.

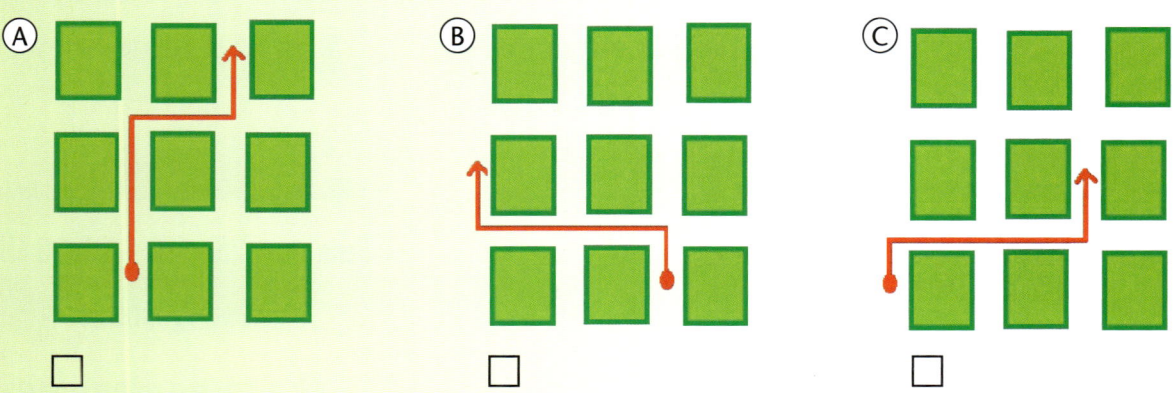

Ⓐ ☐

Ⓑ ☐

Ⓒ ☐

1. Gehen Sie nach links, dann geradeaus, dann nach rechts.
2. Gehen Sie geradeaus, dann nach rechts, dann nach links.
3. Gehen Sie nach rechts, dann geradeaus, dann nach links.

e Spielen Sie „Augen zu".

Drei Schritte nach rechts.

Zwei Schritte geradeaus.

Du bist da.

**2 Ratespiel – Welches Wort passt wohin?
Ordnen Sie die Texte den Bildern zu.**

die Ampel • die Kreuzung • die Straße

Ⓐ

Ⓑ
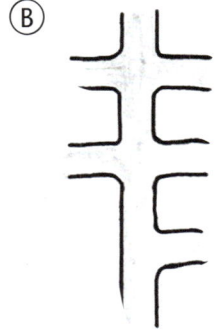

Ⓒ

2. die Kreuzung
_____

1. Eine … ist rot,
   gelb oder grün.

2. An einer … kommen
   zwei Straßen zusammen.

3. Eine … ist lang
   oder kurz.

3 Wie kommen wir zu dir?

2.51 **a Hören Sie. Was ist das Problem?**

☐ Ewa und Pablo kommen nicht zur Party. ☐ Ewa und Pablo finden den Weg nicht.

b Was schreibt Ewa? Lesen Sie die SMS und kreuzen Sie an.

Gül schreibt:

☐ Ihr geht geradeaus, rechts, geradeaus, rechts, geradeaus, links.

☐ Ihr geht geradeaus, links, geradeaus, rechts, links.

☐ Ihr geht geradeaus, links, geradeaus, rechts, geradeaus, links.

ihr geht   **ihr** steht   **ihr** seid

> Hallo! Ihr geht die Hauptstraße geradeaus.
> An der Kreuzung geht ihr links.
> Dann geht ihr 200 Meter geradeaus.
> An der Ampel geht ihr rechts.
> Dann geht ihr geradeaus.
> Die Nummer 24 ist links.
> Bis gleich :-) ! Gül

c Gül und Pablo sind am Bahnhof. Wie kommen sie zu Ewa? Zeichnen Sie den Weg auf den Plan.

2.52 **d Sie sind auch am Bahnhof. Hören Sie das Navi. Wo kommen Sie an?**

Route 1: _____ Route 2: _____ Route 3: _____

4 Einen Weg beschreiben
a Sehen Sie die Bilder an und schreiben Sie.

 1. Gehen Sie *an der Ampel nach rechts* _____ .

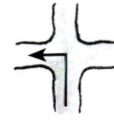 2. Gehen Sie *an der* _____

 3. Gehen Sie _____ .

 4. Gehen Sie _____ .

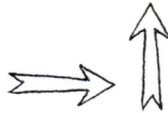 5. Gehen Sie _____ .
und dann _____ .

b Sie stehen am Bahnhof und beschreiben einen Weg. Spielen Sie zu zweit mit dem Stadtplan auf Seite 80.

A wählt ein Ziel und
beschreibt einen Weg.

B „geht" mit dem Finger.
Was ist das Ziel?

Gehen Sie   nach rechts / nach links.
die ...straße geradeaus.
zurück.
an der Kreuzung nach rechts/links.
an der Ampel nach rechts/links.
dann ...
Da ist es links/rechts/...

*Gehen Sie geradeaus, an der Kreuzung nach links,
dann an der Kreuzung nach rechts, dann wieder an der Kreuzung nach rechts.
Da ist es links.*

Da ist die Post!

5 Ist ein Café in der Nähe?

a Was hören Sie? Kreuzen Sie an.

1. a In der Nähe ist **eine** Apotheke.
   b In der Nähe ist keine Apotheke.
   c Die Apotheke hat auf.

2. a In der Nähe ist ein Supermarkt.
   b In der Nähe ist kein Supermarkt.
   c Der Supermarkt heißt MB.

3. a In der Nähe ist ein Krankenhaus.
   b In der Nähe ist kein Krankenhaus.
   c Das Krankenhaus ist gut.

b Markieren Sie in 5a alle Artikel.

c Ergänzen Sie die Artikel.
in Dialog 1 und 2.

der → ein → kein
das → ein → kein
die → eine → keine

Dialog 1

● Entschuldigen Sie, ist hier
  in der Nähe ___ein___ Café?
○ Nein, hier ist ___kein___ Café.
  _____ Café ist in der
  Berliner Straße.
● Ist _____ Café schön?
○ Es tut mir leid, ich weiß es nicht.

Dialog 2

● Entschuldigung, eine Frage: Ist hier
  in der Nähe _____ Apotheke?
○ Nein, hier in der Nähe ist _____
  Apotheke. _____ Apotheke ist
  in der Griegstraße.
● Hat _____ Apotheke auf?
○ Ja, sicher.

d Ordnen Sie und spielen Sie den Dialog.

___ Ist der Supermarkt gut?

___ Nein, hier ist kein Supermarkt. Ein Supermarkt ist in der Poststraße.

___ Es tut mir leid, ich weiß es nicht.

_1_ Entschuldigen Sie, ich habe eine Frage: Ist hier in der Nähe ein Supermarkt?

6 Entschuldigen Sie ...
a Ergänzen Sie den Dialog.

keine Drogerie • die Drogerie • ~~eine Drogerie~~ • Eine Drogerie

○ Entschuldigen Sie, ich habe eine Frage: Ist hier in der Nähe ___eine___ ___Drogerie___ ?
● Nein, hier in der Nähe ist _____ _____ .
  _____ _____ ist in der Hauptstraße.
○ Hat _____ _____ auf?
● Es tut mir leid, ich weiß es nicht.

b Schreiben und spielen Sie Dialoge.

Kiosk • Bank • Internet-Café • Supermarkt • Bäckerei • …

Entschuldigen Sie, eine Frage:
Ist hier in der Nähe ein/eine …?

Nein, hier in der Nähe ist kein/keine …
Ein/eine … ist in der …straße.

Ja, ein/eine … ist in der …straße.

Hat der/das/die … auf?

Ja, sicher. /
Es tut mir leid, ich weiß es nicht.

*Entschuldigen Sie, eine Frage:
Ist hier in der Nähe ein Kiosk?*

Nein, hier in der Nähe ist kein Kiosk. Ein …

7 Wann fährt der Bus ins Zentrum?

**a Welche Verkehrsmittel kennen Sie und welche benutzen Sie?
Kreuzen Sie an und ergänzen Sie.**

Straßenbahn

☐ Bus   ☐ U-Bahn   ☐ Zug   ☐ S-Bahn   ☐ _____   ☐ _____

 2.54   **b Hören Sie und sprechen Sie nach.**

● Entschuldigung, welcher Bus fährt ins Zentrum?
○ Die Nummer 25.
● Wann fährt der Bus?
○ Um 8 Uhr 13. Er fährt alle 20 Minuten.

c Verbinden Sie die Satzteile.

● Entschuldigung, welche Straßenbahn   die Straßenbahn?
○ Die   alle 10 Minuten.
● Wann fährt   fährt zum Zoo?
○ Um 10 Uhr 20. Sie fährt   Nummer 12.

d Schreiben und spielen Sie Dialoge wie in 7c.

welche S-Bahn / zur Berliner Straße / die Nummer 1 / um 11:12 Uhr / alle 5 Minuten
welcher Bus / zum Berliner Platz / die Nummer 52 / um 18:52 Uhr / alle 30 Minuten

• Entschuldigung, welche Straßenbahn fährt zur …
○ Die …

 Projekt
Verwenden Sie einen Stadtplan. Wo ist Ihr Kurs? Wo wohnen Sie?
Beschreiben Sie den Weg. Zu Fuß? Mit dem Auto? Mit der Straßenbahn?

Auf einen Blick

1 Wortakzent

⊙ 2.55 **a Hören Sie und markieren Sie den Wortakzent. Sprechen Sie.**

die A po the ke • die Bäc ke rei •
der Su per markt • das Kran ken haus •
Ent schul di gung! • das Ver kehrs mit tel •
das Ca fé • der Ter min •
die Mi nu te • Ber li ner stra ße •
ge ra de aus • die Stra ßen bahn

> **TIPP** Wörter lernen
> Lernen Sie die Wörter immer mit
> – Wortakzent
> – Vokal lang/kurz
> Sprechen Sie die Wörter laut!

⊙ 2.56 **b Hören Sie und markieren Sie den Wortakzent. Sprechen Sie.**

1. Hallo!	Guten Morgen! • Ich heiße • Sehr gut! • Es geht!
2. Land und Stadt	Ich komme • aus Griechenland • aus der Türkei
3. Der Deutschkurs	das Wörterbuch • schreiben • lernen • spielen
4. Meine Familie	meine Eltern • meine Geschwister • verheiratet • ledig
5. Essen und Trinken	Schokolade • Nudeln • Reis • Gemüse • Kaffee • trinken
6. Der Tag	Montag • frühstücken • arbeiten • putzen • Freunde besuchen
7. Berufe	die Verkäuferin • die Hausfrau • im Supermarkt
8. Mein Körper	der Rücken • die Beine • Halsschmerzen • der Zahnarzt
9. Kleidung	der Anzug • der Mantel • die Sportschuhe • die Hose • tragen
10. Meine Stadt	geradeaus • die Ampel • die Kreuzung

In der Stadt

Gehen Sie nach rechts / nach links.
die Berliner Straße geradeaus.
zurück.
an der Kreuzung rechts/links.
an der Ampel rechts/links.
dann (wieder) nach rechts/links/…

Da ist es links/rechts.
Da ist der Bahnhof /
das Internetcafé / die Post.

In der Nähe

Entschuldigen Sie, ist hier
in der Nähe ein Café?
Ist das Café schön/gut/…?

Nein, hier ist kein Café. Ein Café ist in der Abtstraße.
Ja, gehen Sie 50 Meter geradeaus. Da ist es rechts.
Ja. / Nein. / Es tut mir leid, ich weiß es nicht.

Verkehrsmittel

Welcher Bus / welche U-Bahn fährt ins Zentrum?
Wann fährt der Bus / die U-Bahn?

Die Nummer 25.
Um 8 Uhr. / Alle 20 Minuten.

Grammatik

Verben: *ihr*

ihr geht, ihr kommt, ihr fahrt, ihr steht … ⚠ ihr seid

gehen		fahren		haben		sein	
ich	gehe	ich	fahre	ich	habe	ich	bin
du	gehst	du	fährst	du	hast	du	bist
er, es, sie	geht	er, es, sie	fährt	er, es, sie	hat	er, es, sie	ist
wir	gehen	wir	fahren	wir	haben	wir	sind
ihr	geht	ihr	fahrt	ihr	habt	ihr	seid
sie, Sie	gehen	sie, Sie	fahren	sie, Sie	haben	sie, Sie	sind

Bestimmte und unbestimmte Artikel

Ist **eine** Apotheke in der Nähe?

Nein, in der Nähe ist **keine** Apotheke.
Ja, in der Nähe ist **eine** Apotheke.
Die Apotheke hat auf.

der → ein → kein
das → ein → kein
die → eine → keine

der Bahnhof / ein Bahnhof / kein Bahnhof
das Café / ein Café / kein Café
die Bank / eine Bank / keine Bank

Lernen lernen

Sechs Tipps zum Deutschlernen

das Wörterbuch
Plural: die Wörterbücher

Lernen Sie Wörter mit Lernkarten.

 *blablabla*

Sprechen Sie viel.

Lesen Sie viel auf Deutsch.

Schauen Sie Fernsehen auf Deutsch, auch mit Untertiteln.

Hören Sie Radio und Musik auf Deutsch.

Machen Sie Wortspiele und Lernspiele auf Deutsch.

1 Wiederholungsspiel

1. Legen Sie eine Münze auf ein Feld.
   Lösen Sie die Aufgabe.
2. Haben Sie drei Münzen in einer Reihe?
   Fertig!

Wie heißen Sie?	**Wie heißt das auf Deutsch?**	**Wo wohnen Sie?**
Wie heißt das auf Deutsch?	**Was ist Ihr Familienname?**	**Wie heißen die Farben?**
Wie ist Ihre Telefonnummer? 	**Wo arbeitet Frau Taube?**	**Mann und …**
Wie heißt das auf Deutsch? 	**Zählen Sie bis 20.**	**Ich bin …**
Vater und Mutter sind die … .	**Nennen Sie die Körperteile.**	**Montag, Dienstag, …, Donnerstag, …, Samstag, …**
Was kauft die Frau? 	**Haben Sie Kinder?**	**Wie heißt das auf Deutsch?**

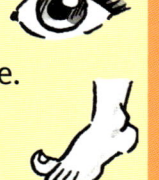

einer Reihe

	Wie heißen die Berufe?    	
Woher kommen Sie?		Was tun Sie am Wochenende?
  Wie heißen die Kleidungsstücke?	Buchstabieren Sie Ihren Namen.	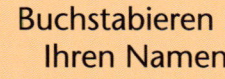 die Hausfrau – der … … – der Kranken-pfleger … – der Verkäufer
Wie geht es Ihnen?	Wie heißt das auf Deutsch?	Erzählen Sie etwas über Ihre Familie.
 Wie heißt das auf Deutsch?	Was essen Sie gerne?	Sagen Sie die Uhrzeit.  
Fragen und antworten Sie: Ali? Marokko. Donika? Albanien. Pablo? Bolivien.	 Das ist eine K…	Wie heißen die Zahlen? 33, 64, 85
Sabine hat H…  Ulf hat R…	Wie lange sind Sie schon in Deutschland?	Antworten Sie. *Entschuldigung, ist hier in der Nähe eine Drogerie?*

1 Hallo!

1 Guten Tag!
Schreiben Sie die Sätze.

Schuster. • Tag, • Frau • Guten   *Guten Tag, Frau Schuster.*

Herr • Guten • Santana. • Abend, _____

Lukas. • Hallo, _____

Morgen, • Anna. • Guten _____

2 Auf Wiedersehen
Ergänzen Sie.

A _u_ f Wi__der__ehen, He__r Santana.

Gu__en M__rge__ , Fr__u Pereira.

Ha__lo, Finn.

T__chü__ , Marie.

3 Ich heiße …
Ordnen Sie den Dialog.

Guten Morgen, Herr Santana.

~~Guten Morgen, ich heiße Ute Schuster.~~

Guten Morgen, Frau Schuster.

Ich heiße Pablo Santana.

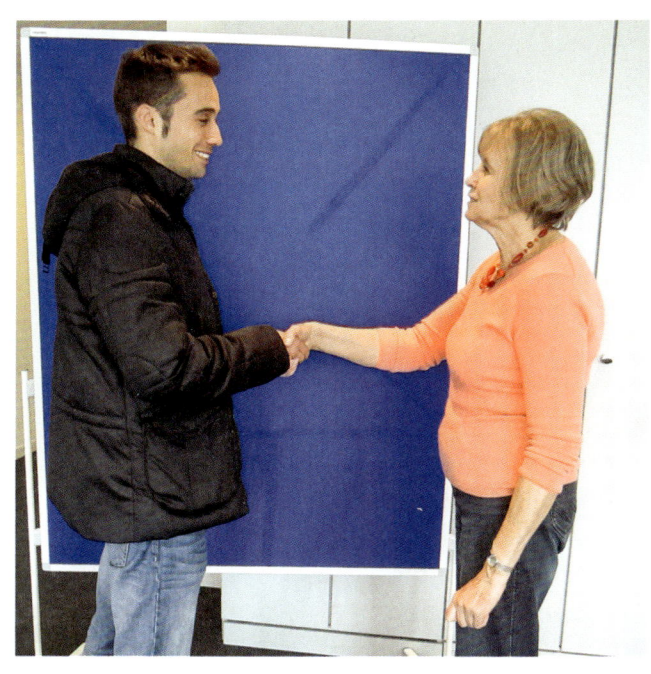

 Guten Morgen, ich heiße Ute Schuster. _____

_____

_____

_____

4 Das Alphabet

a Schreiben Sie die fehlenden Buchstaben.

A B _ D E _ G H _ J K _ M N _ P Q _ S T _ V W _ Y Z

a _ c d _ f g _ i j _ l m _ o p _ r s _ u v _ x y _

b Diktat. Hören Sie und schreiben Sie. 1.77

G u _ _ _   _ _ _ _ _ _ .

G _ _ _ _   _ _ _ _ _ .

H _ _ _ _ .

A _ _   _ _ _ _ _ _ _ _ _ _ _ .

T _ _ _ _ _ .

W _ _   _ _ _ _ _ _   _ _ _ ?

5 Wie schreibt man das?

a Finden Sie die Wörter. Schreiben Sie den Dialog.

Ich/heiße/Gül/Parlak./WieheißenSie,bitte?GülParlak.Wieschreibtmandas?

GülParlak.Danke,aufWiedersehen.

Ich heiße Gül Parlak. _____

_____

_____

_____

_____

_____

b Wie heißt das Wort?

ADNEK ___*Danke*___   TITBE _____   GAT _____

NEGROM _____   ENDAB _____   CHSERITB _____

6 Wie geht es Ihnen?
Schreiben Sie.

Es geht.   Gut.   Sehr gut.

☐ _____   ☐ _____   ☐ _____

2 Land und Stadt

1 Ich komme aus ...
Ergänzen Sie.

- Hallo, wie heiß_en__ Sie?
- Ich heiß_____ Ute Schuster.
- Hallo, Frau Schuster, wie geh_____ es Ihnen?
- Gut, danke.
- Woher komm_____ Sie, Frau Schuster?
- Ich komm_____ aus Deutschland, aus München. Und Sie?
- Ich _____ aus Indien.

> e   e   ~~en~~
>   en   bin   t

2 Die Zahlen

1.78 a Was hören Sie, a oder b? Markieren Sie.

1. a) ☒ 20   b) ☐ 12   4. a) ☐ 3   b) ☐ 14
2. a) ☐ 19   b) ☐ 18   5. a) ☐ 11   b) ☐ 10
3. a) ☐ 16   b) ☐ 6   6. a) ☐ 5   b) ☐ 15

1.79 b Hören Sie und ergänzen Sie.

| D | M - A X 9 9 0 |

| D | B - A_ 3_ 4 |

| D | N - U_ 7_ 1 |

| D | F - A_ 66_ |

| D | RO - C_ 4_ 0 |

| D | _ - A 96_ 1 |

3 Meine Telefonnummer
a Schreiben Sie Frage und Antwort.

Meine • ist • Telefonnummer, • Nummer • ~~Wie~~ • bitte? • Ihre • 0175-563421. • ~~ist~~

- _Wie ist_ _____
- _____

b Ergänzen Sie die Fragen.

Hallo, Frau Schuster. ____Wie____ ist Ihre Telefonnummer?
Guten Morgen, Frau Pereira. _____ geht es Ihnen?
_____ kommen Sie?
_____ heißen Sie?
_____ schreibt man das?

> Woher   Wie
> Wie   ~~Wie~~   Wie

4 Meine Stadt, mein Viertel
Lesen Sie. Was stimmt?

Guten Tag. Ich heiße Nargis Zardari.
Ich komme aus Pakistan, aus Islamabad.
Ich wohne in Krefeld, mein Stadtviertel
heißt Bockum. Meine Telefonnummer ist
02151-447333.

1. a) Ich heiße Nargis Zardori.
   b) Ich heiße Narkis Zardari.
   c) Ich heiße Nargis Zardari.

2. a) Ich komme aus Pakistan.
   b) Ich komme aus Afghanistan.
   c) Ich komme aus Usbekistan.

3. a) Ich wohne in Bochum.
   b) Ich wohne in Krefeld.
   c) Ich wohne in Brefeld.

5 Ein Formular
a Was ist das? Schreiben Sie die Wörter.

Hausnummer • Stadt • Straße • Name • Postleitzahl • Land

1. Salzburg
2. Österreich
3. Anna Monti
4. Schwarzstraße
5. 16
6. 5020

1. S
   t
5. a
   d
   t

⊙ 1.80 **b Hören Sie. Richtig oder falsch?**

1. p.santana@web.de   ~~Richtig~~ | Falsch
2. l.parlak@gmx.de   Richtig | Falsch
3. u.schuster@web.ch   Richtig | Falsch
4. monti.a@gmx.at   Richtig | Falsch

6 Persönliche Daten
Ergänzen Sie das Formular für Pablo.

Vorname	Pablo
Familienname	
Wohnort	
Adresse	
Telefonnummer	
E-Mail-Adresse	

Pablo Santana

Markstraße 17
44141 Dortmund
Tel. 0231 19588
pablo.santana@web.de

3 Der Deutschkurs

1 **Dinge im Deutschkurs**
Schreiben Sie richtig.

der|bleistift|dietafeldertischdaswörterbuchderstuhldieweltkarte
dasheftderradiergummi

der Bleistift, _____

_____

_____

2 **Wie heißt das auf Deutsch?**
⊙ 1.81 **Ergänzen Sie den Dialog.**

- ● ____*Wie*____ heißt das auf Deutsch?

- ○ Das weiß _____ nicht.

- ▲ Das heißt _____ .

- ● Und wie heißt das auf _____ ?

- ▲ Kuli. _____ heißt Kuli.

3 **der, das, die**
a Schreiben Sie die Wörter mit Artikel.

H̶e̶f̶t̶ • Radiergummi • Handy • Tafel • Computer • Tasse • Stuhl • Tisch •
Deutschbuch • Lehrerin • Wörterbuch • Weltkarte

der	das	die
_____	*das Heft*	_____
_____	_____	_____
_____	_____	_____
_____	_____	_____

b Schreiben Sie die Wörter mit Artikel.

der Tisch _____

die Tafel _____

_____

_____

_____

_____

_____

_____

4 So schreibt man das.
Finden Sie die Wörter. Schreiben Sie die Wörter. Sprechen Sie laut.

M	T	I	T	S	Ü	S	T	U	H	L
L	S	P	R	A	C	H	E	M	B	E
A	B	L	E	I	S	T	I	F	T	Ü
Ä	P	P	S	P	I	E	L	E	N	K
G	S	P	R	E	C	H	E	N	L	I
M	Ö	T	T	G	C	S	T	A	D	T
E	B	U	C	H	S	T	A	B	E	N

1. *der Stuhl*
2. *die Sprache*
3. _____
4. _____
5. _____
6. _____
7. _____

5 Du oder Sie?
Schreiben Sie.

du	Sie
Wie heißt du?	Wie heißen Sie?
Woher kommst du?	
	Wo wohnen Sie?
Was machst du?	

6 er, es, sie
a Ergänzen Sie.

1. Das ist Ali. __Er__ kommt aus Marokko.

2. Das ist Emine. _____ kommt aus der Türkei.

3. Das ist Roland. _____ kommt aus Kenia.

4. Das ist Marta. _____ kommt aus Polen.

b Ergänzen Sie die Dialoge.

Woher kommen Sie? • ~~Wie heißen Sie bitte?~~ • Ich lerne auch Deutsch. •
Hallo, Alisa, wie geht's? • Wo wohnen Sie? • Gut. Was machst du hier?

Dialog 1
● *Wie heißen Sie bitte?*
○ Ich heiße Alisa Saidi.
● _____
○ Ich komme aus Tunesien.
● _____
○ Ich wohne in Berlin.

Dialog 2
● _____
○ Sehr gut. Und dir?
● _____
○ Ich lerne Deutsch. Und du?
● _____

4 Meine Familie

Maria

Julio

1 Die Familie
a Schreiben Sie die Namen.

~~die Geschwister~~ • die Großeltern •
die Kinder • die Eltern

Ava

Miguel

die Geschwister
_____

Alina

Manuel

ich

Claudia

Emilio

_____

_____

b Ergänzen Sie.

~~Oma~~ • Vater • Schwester • Bruder • Tochter • Sohn • Mutter • Opa

Die _____Oma_____ heißt Maria. Der _____ heißt Miguel.

Der _____ heißt Julio. Die _____ heißt Alina.

Die _____ heißt Claudia. Der _____ heißt Emilio.

Der _____ heißt Manuel. Die _____ heißt Ava.

2 Meine Mutter, mein Vater, mein Kind
a Ordnen Sie die Wörter aus 1a und 1b zu.

weiblich	männlich	Plural
die Oma	_____	_____
_____	_____	_____
_____	_____	_____
_____	_____	_____

b Ergänzen Sie die Sätze.

wohnt • kommt • kommen • lernen • ~~wohnen~~ • lernt • kommt • wohnt • lernt

Meine Geschwister _wohnen_ in Italien. Meine Schwester _____ in Rom. Mein
Bruder _____ in Mailand. Meine Eltern _____ aus dem Irak. Meine Mutter
_____ aus Bagdad. Mein Vater _____ aus Arbil. Meine Kinder _____
Sprachen. Mein Sohn _____ Französisch. Meine Tochter _____ Englisch.

3 Wie alt sind Sie?
Schreiben Sie die Dialoge.

1. ? / Wie / alt / Sie / sind
   alt. / Ich / 35 / Jahre / bin
2. ? / alt / Wie / du / bist
   18 / bin / alt. / Ich / Jahre
3. ? / sind / Wie / alt / Sie
   65 / Ich / alt. / Jahre / bin

1. ● *Wie alt sind Sie?* _____
   ○ *Ich bin 35 Jahre alt.* _____

2. ● _____
   ○ _____

3. ● _____
   ○ _____

4 Haben Sie Kinder?
Welche Wörter schreibt man groß?

● *H*̶herr efe, haben sie kinder?

○ ja, ich habe fünf kinder.

● wie alt sind sie?

○ meine kinder sind 3, 5, 12, 14 und

   18 jahre alt.

▲ brigitte, hast du kinder?

△ ja, ich habe zwei kinder. und du?

▲ ich habe ein kind. mein sohn ist

   19 jahre alt.

△ oh, er ist schon groß. meine kinder

   sind klein.

5 Ledig, verheiratet, getrennt, geschieden
Ordnen Sie zu.

1. _b_   2. __   3. __   4. __

a) Horst und Irina Hoffmann
   sind geschieden.
b) Karim ist ledig.
c) Meine Frau und ich
   sind verheiratet.
d) Frau Matei und Herr Matei
   sind getrennt.

6 Sprechen Sie bitte langsam.
⊙ 1.82   **Hören Sie. Ergänzen Sie den Dialog.**

Wiederholen Sie bitte.

Sprechen Sie bitte langsam.

Wie schreibt man das?

○ Guten Tag, ich heiße Florin Teglas.
● Guten Tag. Wo wohnen Sie, Herr Teglas?

○ _____

● Wo wohnen Sie, Herr Teglas?
○ In Höchst. Hostatostr. 124.

● _____

○ Ich wohne in Höchst. Hostatostr. 124.

● _____

○ H – O – S – T – A – T – O und dann Straße.
● Ach so, Hostatostraße. Danke.

Essen und Trinken

1 **Lebensmittel auf Deutsch**
Schreiben Sie die Wörter mit Artikeln zu den Bildern.

die   Banane   B   F   F

K   R   B   N

K   W   B   W

K   T   M   S

2 **Ich esse gerne …**
Schreiben Sie die Dialoge.

1. ? / was / isst / gerne / du
   gerne / ich / esse / Bohnen / .

   ● *Was isst du gerne?*
   ○ *Ich esse gerne Bohnen.*

2. ? / trinkst / was / gerne / du
   ich / Saft / trinke / gerne / .

   ● _____
   ○ _____

3. ? / isst / was / gerne / du
   ich / Schokolade / esse / gerne / .

   ● _____
   ○ _____

4. ? / trinkst / was / nicht gerne / du
   ich / Kaffee / trinke / nicht gerne / .

   ● _____
   ○ _____

5. ? / isst / was / nicht gerne / du
   ich / Kartoffeln / esse / nicht gerne / .

   ● _____
   ○ _____

3 Supermarkt
Welche Antwort passt, a oder b?
Kreuzen Sie an.

1. ● Wo finde ich Getränke?
   [a] Nein, da hinten.
   [b] Gleich hier vorne rechts.

2. ● Haben Sie Zucker?
   [a] Zucker esse ich gerne.
   [b] Ja, im Gang 2 links.

3. ● Wo finde ich Eier?
   [a] Das weiß ich nicht.
   [b] Ja, bitte.

4. ● Haben Sie Bohnen?
   [a] Ja, bei Gemüse.
   [b] Ja, bei Backwaren.

5. ● Wo finde ich Brot?
   [a] Nein, danke.
   [b] Da hinten, bei Backwaren.

4 Wortschatz
Ergänzen Sie die Pluralformen.

die Kartoffel__   die Brot__   die __pfel   die Camembert__

die Bohne__   die Getränk__   die W__rst__   die Pizza__

die Nudel__   die Fertiggericht__ die S__ft__   die Banane__

5 Einkaufen
Notieren Sie die Preise.

1. ein Euro neunundsechzig _1,69 €_   2. drei Euro achtundachtzig _____

3. sechs Euro fünfundzwanzig _____   4. vier Euro vierundsiebzig _____

5. zwölf Euro elf _____   6. sieben Euro dreizehn _____

6 Wochenmarkt
Ergänzen Sie den Dialog.

Verkäuferin	Guten Tag.
Käuferin	_____Drei Äpfel_____ , bitte.
Verkäuferin	Ja, gerne. Noch etwas?
Käuferin	_____ Tomaten?
Verkäuferin	Ja. 3 _____ 49 das Kilo.
Käuferin	Oh! _____
	Was kosten die _____?
Verkäuferin	1 Euro 20 das Kilo.
Käuferin	_____ , bitte.
Verkäuferin	_____?
Käuferin	Nein, danke.

Ein Kilo

Drei Äpfel   Noch etwas

Euro

Haben Sie

Zwiebeln   Nein, danke.

Testtraining 1

Begrüßungen

Was ist richtig? Kreuzen Sie an.

Guten Morgen,   ☒ Herr Müller.   ☐ Müller.   ☐ Abend.
Guten Morgen, wie   ☐ heißen?   ☐ heiße?   ☐ heißen Sie?
Ich   ☐ heißen Huk.   ☐ heiße Huk.   ☐ sein Huk.
Hallo, wie geht es   ☐ Frau?   ☐ du?   ☐ Ihnen?   ____/3

Herkunft und Wohnort

Was passt? Markieren Sie.

Woher • Wie • Wo   kommen Sie?
Ich   gehe • wohne • komme aus Birma.
Woher • Wie • Wo   wohnen Sie?
Ich   bin • wohne • komme   in Kassel.   ____/3

Buchstabieren

Ergänzen Sie den Dialog.

Danke • das • Hallo • ich • schreibt • wie

● ___Hallo___ , ___ich___ heiße Jussuf.

○ Entschuldigung, _____ heißen Sie?

● Jussuf Al-Samir.

○ Wie _____ man _____ ?

● J-U-S-S-U-F

○ _____ .   ____/4

Telefonnummer

Ergänzen Sie den Dialog.

Bitte, bitte • Ihre • ist • Meine • Telefonnummer • Wie

● Wie ist Ihre _____ , bitte?

○ _____ Telefonummer ist 06231 4105088. Und _____?

● Meine Nummer _____ 01551 7356962.

● Danke!

○ _____ !   ____/4

Verabschiedung

Welches Wort ist richtig? Markieren Sie.

Auf   Morgen. • Wiedersehen. • Tag.   ____/1

Im Deutschkurs

a Schreiben Sie die Wörter mit Artikel zu den Bildern.

der Radiergummi _____ _____ _____ _____

_____/4

b Ordnen Sie den Dialog.

☐ a) ● Oh, danke! Und das?   ☐ c) ○ Das heißt Stuhl.

1 b) ● Wie heißt das auf Deutsch?   ☐ d) ○ Das weiß ich nicht.   _____/3

Familie

a Männer und Frauen – Was ist richtig? Ordnen Sie 1–5 und a–e zu.

1. Mann und   *Frau* _____   a) Oma
2. Bruder und   _____   b) ~~Frau~~
3. Opa und   _____   c) Mutter
4. Sohn und   _____   d) Schwester
5. Vater und   _____   e) Tochter

_____/4

b Was ist richtig? Kreuzen Sie an.

Mein Kind ☒ ist drei Jahre alt. ☐ sein drei Jahre alt. ☐ sind drei Jahre alt.
Ich bin   ☐ zwei Kinder.   ☐ verheiratet.   ☐ einen Freund.
Ich habe ☐ getrennt.   ☐ einen Sohn.   ☐ zwei.   _____/2

Essen und Trinken

Schreiben Sie die Wörter mit Artikel zu den Bildern.

der Fisch _____ _____ _____ _____

_____/4

Lebensmittel einkaufen

🔘 1.83 Hören Sie. Kreuzen Sie an: ☺ Richtig, ☹ Falsch.

	Richtig	Falsch
1. Herr Özer kauft Gemüse.	Richtig	~~Falsch~~
2. Frau Berg kauft Kartoffeln.	Richtig	Falsch
3. Die Kartoffeln kosten 2,29 das Kilo.	Richtig	Falsch
4. Frau Berg kauft Tomaten.	Richtig	Falsch
5. Frau Berg kauft drei Kilo Tomaten.	Richtig	Falsch

_____/4

Gesamtpunktzahl 36   Meine Punktzahl _____   36–33 ☺☺☺ / 32–27 ☺☺ / 26–21 ☺ / 20–18 ☺

6 Der Tag

1 Wie viel Uhr ist es?

a Schreiben Sie die Tageszeiten zu den Bildern.

der Abend • die Nacht • ~~der Vormittag~~ • der Morgen • der Nachmittag • der Mittag

_____

der Vormittag

_____

_____

_____

_____

b Ergänzen Sie die Dialoge

ist • Uhr • wie • ~~Uhr~~ • viel • zwölf • ist

Dialog 1

● Mama, wie viel ___*Uhr*___ _____ es?

○ Es _____ sechs _____ .

Dialog 2

● Frau Özöglü, _____ _____ Uhr ist es?

○ Es ist _____ Uhr

c Schreiben Sie die Uhrzeiten.

| 6:10 | *Es ist sechs Uhr zehn.* |

| 7:15 | _____ |

| 12:50 | _____ |

| 16:30 | _____ |

> Wie viel Uhr ist es?

2 Ein Arbeitstag
Schreiben Sie Fragen und die Antworten.

Frage

1. frühstückst / wann / du / ?
Wann frühstückst du?

2. isst / Wann / zu Mittag / du / ?
_____

3. bist / Wann / zu Hause / du / ?
_____

4. machst / Wann / Abendessen / du / ?
_____

Antwort

acht Uhr / frühstücke / um / Ich / .
_____

um 12 Uhr / Ich / esse / zu Mittag / .
_____

zu Hause / um 18 Uhr / bin / Ich / .
_____

um 19 Uhr / mache / Ich / Abendessen / .
_____

3 Sätze mit Zeitangaben

a Schreiben Sie die Sätze 1–3 in die Grafik.

1. Mein Wecker klingelt um sechs. 2. Ich esse am Mittag Obst.
3. Ich arbeite bis 17 Uhr.

Position 2: Verb

Mein Wecker _____ (klingelt) __ um sechs. _____ .

_____ (_____) _____ .

_____ (_____) _____ .

b   Schreiben Sie die Sätze 1–3 mit der Uhrzeit am Anfang.

Um sechs klingelt mein Wecker.

4 Am Wochenende
a Was passt zusammen? Ordnen Sie zu.

1f – das Essen kochen

1. das Essen   2. Deutsch   3. die Freunde   4. die Wäsche   5. die Wäsche
6. ins Kino   7. die Wohnung   8. die Zeitung   9. Frühstück   10. Fernsehen

a) lernen   b) lesen   c) bügeln   d) schauen   e) machen
f) kochen   g) gehen   h) besuchen   i) waschen   j) putzen

b Schreiben Sie Ich-Sätze
wie im Beispiel.

Ich koche das Essen. Ich putze ...

5 Freizeit
Ergänzen Sie Mont_g   D_ _nst_g   M_ttw_ch   D_nn_rst_g
die Wochentage. Fr_ _t_g   S_mst_g   S_nnt_g

6 Hast du Zeit?

2.57 **Hören Sie. Wann ist die Verabredung? Kreuzen Sie an: a oder b.**

1.
[a] Montag, 20:15 Uhr
[x] Sonntag, 20:15 Uhr

2.
[a] Dienstag, 2:30 Uhr
[b] Mittwoch, 3:30 Uhr

3.
[a] Donnerstag, 14:45 Uhr
[b] Donnerstag, 14:15 Uhr

4.
[a] Freitag oder Samstag

[b] Samstag oder Sonntag

5.
[a] Montag oder
Mittwoch, 10 Uhr.

[b] Montag oder
Donnerstag, 13 Uhr

6.
[a] Samstag 19 Uhr und
Sonntag 12 Uhr

[b] Samstag 12 Uhr und
Sonntag 19 Uhr

7 Berufe

1 Berufe
a Welcher Beruf passt?

  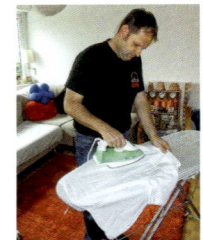

der Verkäufer   der _____   _____

die Verkäuferin   die _____   _____

_____   _____   _____

_____   _____   _____

_____   _____   _____

b Ergänzen Sie die Berufe.

der Kel__ner • die Ver__äuf__rin • der Fri__ör • die Hau__fra__ • der Ele__tri__er •

die Kra__ken__chw__ste__ • die Köc__in • der Tax__fah__er • die Leh__eri__ •

der Hau__man__

2 Was sind Sie von Beruf?
Schreiben Sie.

Ich _____ _____.

3 Wo arbeiten Sie?
Wer arbeitet wo? – Ergänzen Sie die Sätze.

1. Der _Frisör_ _____ arbeitet im Frisörsalon.

2. Die _____ arbeitet im Krankenhaus.

3. Der _____ arbeitet auf der Baustelle.

4. Der _____ arbeitet zu Hause.

5. Die _____ arbeitet im Restaurant.

6. Der _____ arbeitet bei Lidl.

4 Bist du der Chef?
a Schreiben Sie Fragen.

1. Krankenschwester / ist / deine Schwester / ? <u>*Ist deine Schwester Krankenschwester?*</u>
2. Hausfrau / du / bist / ? _____
3. du / arbeitest / im Restaurant / ? _____
4. Lubinski / Sie / heißen / ? _____
5. heute Abend / du / bist / zu Hause / ? _____

b Schreiben Sie Fragen zu den Antworten.

1. <u>*Arbeitest du in Frankfurt?*</u> _____ Nein, ich arbeite in Offenbach.
2. _____ Ja, mein Mann ist Koch.
3. _____ Nein, ich habe keine Zeit.
4. _____ Ja, ich habe drei Kinder.
5. _____ Nein, ich komme nicht aus Ankara.

5 Wie lange sind Sie schon hier?
◉ 2.58 **a Hören Sie und ordnen Sie dann 1–5 und a–e zu.**

1. Sua wohnt
2. Sie lernt
3. Suas Mann arbeitet
4. Jinda geht
5. Suas Schwiegermutter wohnt

a) seit zwei Jahren im Flughafen.
b) seit einem Jahr bei der Familie.
c) seit 2010 in Frankfurt.
d) seit zehn Monaten Deutsch.
e) seit drei Wochen in den Kindergarten.

b Und Sie? Schreiben Sie in Ihr Heft.

Ich heiße ...

6 Das sind wir!
Schreiben Sie für Elena und Nina.

seit zwei Jahren in Deutschland   Elena und Nina   20 Jahre alt

aus Athen, Griechenland   Köln

*Wir sind Zwillinge.
Wir heißen ...*

Frisörinnen

8 Mein Körper

1 Der Körper

Markieren Sie: der, das, die. Ergänzen Sie dann die Tabelle.

der Arm • das Auge • der Bauch • das Bein • der Finger • der Fuß • das Haar • der Hals • die Hand • der Kopf • der Mund • die Nase • das Ohr • der Rücken • der Zahn

der	das	die	meine
mein Arm			meine Arme
	mein Ohr		meine Ohren

2 Wie geht es?

Schreiben Sie Sätze.

ES GEHT MIR NICHT SO GUT: MEIN RÜCKEN TUT WEH. ES GEHT MIR SCHLECHT: MEINE HAND TUT WEH. MEIN ZAHN TUT WEH. ES GEHT MIR SEHR SCHLECHT: MEINE AUGEN TUN WEH. GUTE BESSERUNG!

Es geht mir nicht so gut: Mein ...

3 Krank oder gesund?

⊙ 2.59 **Hören Sie und schreiben Sie.**

Ich habe _Kopfschmerzen_____ • Meine Ohren _____. •

Mein Bein _____. • Ich habe _____. •

Ich _____. • Ich _____. •

Ich _____.

4 Sprechzeiten

Welche Fragen beantwortet die Visitenkarte? Kreuzen Sie an.

[X] Wann arbeitet Dr. Kaufmann?

[ ] Wie ist die Adresse von Dr. Kaufmann?

[ ] Was ist Dr. Kaufmann von Beruf?

[ ] Wie ist die Telefonnummer von Dr. Kaufmann?

[ ] Wie ist die E-Mail-Adresse von Dr. Kaufmann?

Dr. med. Mario Kaufmann
Kinderarzt

Montag	09:30–12:30 Uhr	15:00–18:00 Uhr
Dienstag	09:30–12:30 Uhr	
Mittwoch	geschlossen	
Donnerstag	10:30–12:30 Uhr	15:00–17:00 Uhr
Freitag	10:30–13:00 Uhr	geschlossen

Telefon: 08754 1554466 · Telefax: 08754 1554467

8

5 Termine
Ordnen Sie den Dialog.

<u>1</u> Praxis Dr. Kaufmann, guten Morgen. Was kann ich für Sie tun?

__ Was hat Ihre Tochter?

__ Kommen Sie heute um 15:00 Uhr.

__ Sie hat Bauchschmerzen und Fieber, 39 Grad.

<u>2</u> Guten Morgen. Hier Ana Pereira. Meine Tochter ist sehr krank.
Ich brauche heute einen Termin.

__ Vielen Dank. Auf Wiederhören.

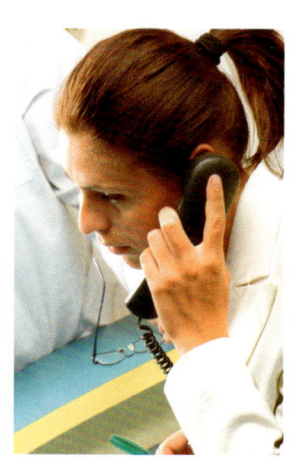

6 Brauchen Sie Hilfe? Fragen Sie Dr. Mailänder.
Schreiben Sie die E-Mail richtig.

LiebePPFrauPPBauer,PPheutePkommePPichPPPnichtPPinPP
diePPArbeit.PPPEsPgehtPPmirPPPsehrPschlecht:PPPIchPhab
ePKopfschmerzenPPPundPmeinePPOhrenPPtunPweh.PIchPP
gehePPPjetztPzuPDr.PPPMailänder.PPVielePGrüßePPPJussuf
PPPAl-Samir

Liebe Frau Bauer,
heute komme ich
nicht in die ...

7 Entschuldigung
Ana ist krank. Frau Schuster schreibt ein Mail. Ergänzen Sie den Text.

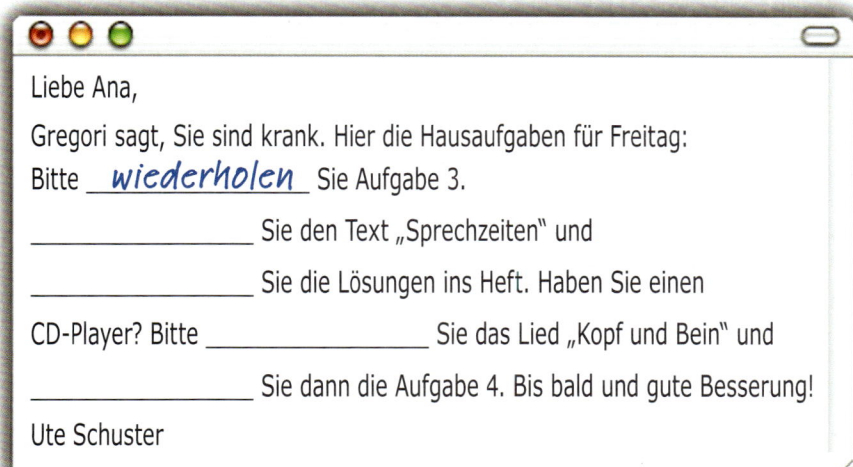

Liebe Ana,

Gregori sagt, Sie sind krank. Hier die Hausaufgaben für Freitag:
Bitte __*wiederholen*__ Sie Aufgabe 3.

_____ Sie den Text „Sprechzeiten" und

_____ Sie die Lösungen ins Heft. Haben Sie einen

CD-Player? Bitte _____ Sie das Lied „Kopf und Bein" und

_____ Sie dann die Aufgabe 4. Bis bald und gute Besserung!

Ute Schuster

wiederholen / spielen
Singen / Lesen
schreiben / wiederholen
markieren / hören
machen / sprechen

8 Tipps für Gregori
Verbinden Sie.

Lesen Sie   eine E-Mail.
Hören Sie   der, das und die.
Schreiben Sie   den Text.
Markieren Sie   lauter.
Sprechen Sie   das Lied.

Kleidung

1 Kleidungsstücke

Wie heißen die Kleidungsstücke? Ordnen Sie sie nach der, das, die, die (Plural).

~~adhceuHhsn~~ • cheShu • ~~cKtpohuf~~ • ~~claSh~~ • dilKe • edHm • ~~eHos~~ • ekaJc • euBls • fpümeSrt • ieltSfe • kcRo • lMeatn • sJean • tHu • zteüM

| der Schal | das Kopftuch | die Hose | die Handschuhe |

2 Kleidung im Kurs

Schreiben Sie die Antworten wie im Beispiel.

1. Was ist das?
   Ein Wecker?

   Nein, das ist eine Armbanduhr.

2. Was ist das?
   Eine Bluse?

   Nein, das _____

3. Was sind das?
   Sportschuhe?

   _____

3 Mode-Kaufhaus

Wie heißen die Pluralformen?

eine Hose	drei _____		ein Schuh	zwei _____
eine Pullover	vier _____		ein Mantel	acht _____
eine Bluse	fünf _____		ein Strumpf	zwei _____
eine Mütze	sechs _____		ein Kopftuch	zehn _____

4 Sonderangebote

⊙ 2.60 **Hören Sie die Ansagen. Kreuzen Sie an: richtig oder falsch.**

		Richtig	Falsch
1. Im Sonderangebot sind heute Winterjacken.		Richtig	~~Falsch~~
2. Stiefel für Damen sind neu im Angebot.		Richtig	Falsch
3. In der Herrenabteilung gibt es Mäntel für 89 Euro.		Richtig	Falsch
4. Um 18 Uhr gibt es Theater für Kinder.		Richtig	Falsch
5. Am Sonntag ist das Mode-Kaufhaus bis 16 Uhr offen.		Richtig	Falsch

9

5 Was trägst du?

a Schreiben Sie die Antworten.

1. Was trägst du heute?   eine Bluse / und eine Hose. / Ich trage
2. Was trägt Selina?   und ein T-Shirt. / einen Rock / Sie trägt
3. Was trägt Tobias?   und einen Schal. / einen Hut / Er trägt
4. Was tragt ihr im Winter?   Wir tragen / und Winterjacken. / Mützen

1. Ich trage eine ...

b Ergänzen Sie die Sätze.

1. Im Winter trage ich _eine_ Jacke, _____ Schal, _____ Mütze und _____ Stiefel.

2. Arne trägt heute _____ Stiefel, _____ Mantel und _____ Hut.

3. Bea trägt im Sommer _____ Rock, _____ Bluse und _____ Sportschuhe.

c Was tragen Sie heute? Schreiben Sie.

6 Was trägst du gerne ☺? Was trägst du nicht gerne ☹?
Schreiben Sie Fragen und Antworten wie im Beispiel.

1. Amir / Anzüge? – Nein → Jeans
2. Samira / Jeans? – Nein → Kleider
3. Sylvie / Hüte? – Nein → Mützen
4. Kofi / Stiefel? – Nein → Sportschuhe

– Trägt Amir gerne Anzüge?
– Nein, er trägt nicht gerne Anzüge.
  Er trägt gerne Jeans.

7 Kleidung kaufen

2.61 **Ergänzen Sie den Dialog. Hören Sie zur Kontrolle.**

Er ist 1,20 Meter. • Er ist 8. • Grau oder rot oder gelb. • ~~Ich suche eine Winterjacke.~~ •
Nein, für meinen Sohn.

● *Ich suche eine Winterjacke.*   ○ Kinderjacken sind hier vorne. Wie groß ist er?

○ Für Sie?   ● _____

● _____   ○ Gut, Jacken für diese Größe sind hier.

○ Wie alt ist er?   Welche Farbe?

● _____   ● _____

8 Was kosten die Hemden?

2.62 **Hören Sie. Welche Reaktion passt?**

1. [a] Sie ist 10 Jahre alt.   2. [a] In der Kinderabteilung.   3. [a] Lang.
   [b] Das ist aber teuer.   [b] Im dritten Stock.   [b] 38 oder 40.

4. [a] Oh, das ist zu teuer.   5. [a] Ich mag rot und gelb.   6. [a] Ein Arbeitshemd
   [b] Ich trage lieber Jeans.   [b] Nein, ich trage gerne Röcke.   und eine Hose.
                     [b] Welche Farbe?

10 Meine Stadt

1 Links und rechts
Beschreiben Sie den Weg.

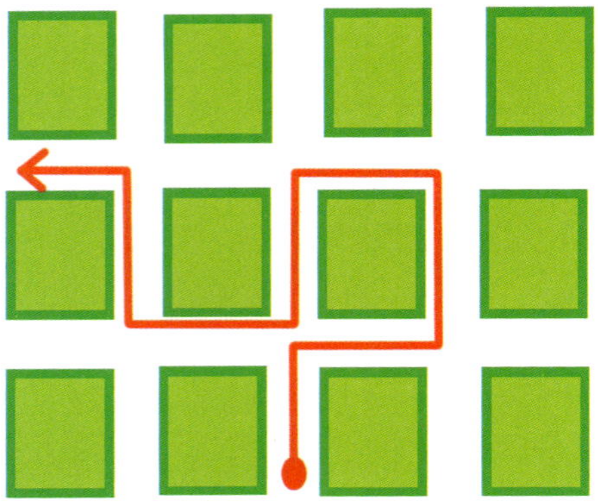

Gehen Sie geradeaus. _____

_____

_____

_____

_____

_____

_____

2 Ratespiel
Finden Sie neun Wörter und schreiben Sie sie ins Heft.

G	E	R	A	D	E	A	U	S	Z
E	L	R	E	C	H	T	S	I	U
H	I	S	T	R	A	SS	E	X	R
E	N	W	Y	N	A	C	H	E	Ü
N	K	R	E	U	Z	U	N	G	C
Ö	S	T	A	M	P	E	L	I	K

gehen
rechts

3 Wie kommen wir zu dir?
Ergänzen Sie die Endungen.

Liebe Ana, lieber Pepo,

die Party ist am Samstag bei mir zu Hause. Hier ist die Wegbeschreibung. Ihr komm____ vom

Bahnhof. Ihr geh____ zur Hauptstraße und dann 200 Meter geradeaus. An der Ampel geh____ ihr nach

links. An der Kreuzung seh____ ihr eine Schule. Da arbeit____ ich! Da geh____ ihr nach rechts.

Nach 300 Meter hör____ ihr Musik! Da sind wir.

Bis bald :-D

Gregori

4 Einen Weg beschreiben
Ergänzen Sie.

der _S_upe__mar__t • der __ark • das __nte__net-__afé • die __rog__rie • der __ahn__of •
der __ark__latz • der __pie__pla__z • das __ran__enh__us • die __ank • die __chu__e

5 Ist ein Café in der Nähe?
Unterstreichen Sie das richtige Wort.

● Entschuldigen Sie, ist hier in der Nähe _eine_ / d~~ie~~ Drogerie?
○ Nein, hier ist _eine_ / _keine_ Drogerie.
  Eine / _Keine_ Drogerie ist in der Berliner Straße, 900 Meter geradeaus.
● Oh, ist _die_ / _eine_ Drogerie groß?
○ Ich weiß es nicht, es tut mir leid.
● Oder ist hier in der Nähe _eine_ / _keine_ Apotheke?
○ Nein, hier in der Nähe ist _eine_ / _keine_ Apotheke.
  Eine / _Die_ Apotheke ist in der Griegstraße, 400 Meter nach links.
● Und hat _die_ / _keine_ Apotheke auf?
○ Ja, sicher.

6 Entschuldigen Sie ...
Schreiben Sie die Fragen.

● Entschuldigen Sie, _ist hier in der Nähe ein Parkplatz?_ _____
○ Nein, hier ist kein Parkplatz. Ein Parkplatz ist am Berliner Platz, 800 Meter zurück.
● Entschuldigen Sie, _____
○ Nein, hier ist kein Internet-Café. Ein Internet-Café ist am Bahnhof.
● Entschuldigen Sie, _____
○ Nein, hier in der Nähe ist keine Bank. Es tut mir leid.

7 Wann fährt der Bus ins Zentrum?
Finden Sie zwei Dialoge.

● ~~Entschuldigung, welcher Bus fährt ins Zentrum?~~
● Entschuldigung, welche Straßenbahn fährt zum Bahnhof?
○ Die Straßenbahn Nummer 12.
○ ~~Der Bus Nummer 25.~~
● Wann fährt der Bus?
● Wann fährt die Straßenbahn?
○ Um 9 Uhr 10. Sie fährt alle 10 Minuten.
○ Um 9 Uhr 10. Er fährt alle 10 Minuten.

  • _Entschuldigung, welcher Bus fährt ins Zentrum?_
  o _Der Bus Nummer 25._

  • _..._

Hören 1

⊙ 2.63 Kreuzen Sie an: a , b oder c . Hören Sie jeden Text zweimal.

① Wann treffen sie sich?

a Um 6 Uhr.   b Um 16 Uhr.   c Um 6 Uhr 30.

② Was hat Frau Melek?

a Kopfschmerzen.   b Halsschmerzen.   c Fieber.   _____/2

Hören 2

⊙ 2.64 Kreuzen Sie die richtige Lösung an. Hören Sie jeden Text einmal.

③ Die kleine Milena ist an der Information im zweiten Stock. | Richtig | Falsch |

④ Heute gibt es ein Sonderangebot: Tomaten für 2 Euro 29 das Kilo. | Richtig | Falsch |

⑤ Der Supermarkt schließt um 21 Uhr. | Richtig | Falsch |

_____/3

Hören 3

⊙ 2.65 Kreuzen Sie an: a , b oder c . Hören Sie jeden Text zweimal.

⑥ Woher kommt Herr Behn?   ⑦ Wann ruft Ron wieder an?   ⑧ Wo wohnt Frau Sarti?

a Aus Chile.   a Um 8 Uhr.   a Blumenstraße 3.
b Aus Tschechien.   b Um 15 Uhr 30.   b Blumenstraße 13.
c Aus China.   c Um 18 Uhr.   c Blumenthalstraße 3.

_____/3

Lesen 1

Sind die Sätze 9–11 richtig oder falsch? Kreuzen Sie an.

> Hallo, Tarek,
> ich hoffe, bei euch ist alles o.k. Ricardo und mir geht es ganz gut. Ricardo hat jetzt Arbeit in einem Supermarkt. Er arbeitet 24 Stunden in der Woche. Von Montag bis Samstag. Jeden Tag 4 Stunden am Nachmittag. Verkäufer ist nicht sein Beruf. Aber es ist ein Anfang. Seit vier Wochen haben wir ein Auto. Am Wochenende fahren wir gerne nach Düsseldorf. Das macht Spaß. Mit dem Auto fahre ich auch in die Arbeit. Ich arbeite 20 Stunden pro Woche bei einem Frisör.
> Liebe Grüße
> Cora

⑨ Ricardo arbeitet von Montag bis Samstag. | Richtig | Falsch |

⑩ Er arbeitet vier Stunden am Tag. | Richtig | Falsch |

⑪ Cora arbeitet nicht. | Richtig | Falsch | _____/3

Lesen 2

Lesen Sie die Texte und die Aufgaben 12 und 13.
Wo finden Sie die Informationen? Kreuzen Sie an: ⓐ oder ⓑ.

⑫ Sie möchten Geld verdienen. Sie haben nur am Samstag Zeit.

ⓐ
Restaurant zum Roten Fuchs
Wir brauchen Hilfe!
Samstag und/oder Sonntag, 10 Uhr bis 15 Uhr
Kontakt 01452-7558771

ⓑ
Imbisshalle „BroilerStation"
Wir suchen eine Teilzeitkraft.
2 bis 3 Tage pro Woche, 12 Stunden.
Kontakt 01377-898234.

⑬ Ihre Tochter ist zwölf. Sie möchte Sport machen.

ⓐ
Sportstudio Geist
Neue Kurse: Gymnastik, Pilates, Tai Chi
Gruppen für Frauen ab 40. Informationen:
www.sportgeist.de

ⓑ
FC Victoria Neckarhausen
Wer macht mit in unserer Kinder-Fußball-
mannschaft (6–13 Jahre)? Meldet euch bei
Frau Spraul 06203-81237.

_____/2

Lesen 3

Lesen Sie die Texte und die Aufgaben 14 und 15.

Restaurant Gutshof

Liebe Gäste,
wegen Krankheit bleibt das Restaurant heute und
morgen geschlossen. Am Freitag sind wir dann
wieder für Sie da.

⑭ Morgen ist der „Gutshof" geschlossen.

| Richtig | | Falsch |

Liebe Kunden!

Am **1. März** haben wir neue Öffnungszeiten:
Montag bis Freitag 10 bis 21 Uhr
Samstag 10 bis 16 Uhr · Sonntag geschlossen

⑮ Sie können jetzt auch am Sonntag einkaufen.

| Richtig | | Falsch |

_____/2

Schreiben 1

Ergänzen Sie das Formular für Hassan.

Ihr Freund Hassan kommt aus
Tunesien. Sein Familienname ist
Chatti. Er ist 23. Er wohnt in Köln,
in der Berliner Straße 26. Er hat
ein Handy mit der Nummer
01211-5722599. Er möchte
Deutsch lernen. Er hat ein Formular vom Deutschkurs und braucht
Ihre Hilfe.

INTERLINGUA-SPRACHKURSZENTRUM

Vorname

Familienname

Straße

Wohnort

Telefon

Alphabetische Wortliste

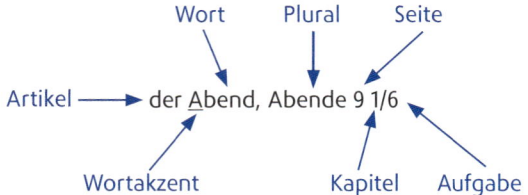

Artikel ⟶ der **A**bend, Abende 9 1/6

Wort — Plural — Seite

Wortakzent — Kapitel — Aufgabe

fett: wichtiges Wort für Prüfungen

ankreuzen, er kreuzt an (*Kreuzen Sie an.*)

Beispiel mit „er" — *Beispielsatz*

---

ab (*Ich arbeite ab 8 Uhr.*) 47 6/2
der Abend, Abende 9 1/6
das Abendessen, Abendessen 47 6/2
    aber (1) (*Hilfst du mir? – Aber gerne.*) 15 2/3
    aber (2) 27 3/10
    aber (3) (*Ich bin nicht verheiratet, aber ich habe einen Freund.*) 32 4/5
    aber (4) (*100 Euro? Oh, das ist aber teuer.*) 75 9/8
das Accessoire, Accessoires 72 9/3
    acht 14 2/2
    achtundsiebzig 30 4/3
    achtundzwanzig 30 4/3
    Achtung (*ohne Artikel*) (*Achtung, Achtung!*) 60 7
    achtzehn 14 2/2
    achtzig 30 4/3
die **Adresse**, Adressen 17 2/6
    Afghanistan 12 2/1
der Akkusativ (*Singular*) 74 9/5
die **Aktivität**, Aktivitäten 49 6/4
    Albanien 25 3/6
    alle (1) (*Der Eintritt kostet 8 Euro für alle.*) 50 6/5
    alle (2) (*Der Bus fährt alle 20 Minuten.*) 83 10/7
die Allgemeinmedizin (*Singular*) (*Arzt für Allgemeinmedizin*) 65 8/4
der **Alltag** 10 1
das Alphabet 7 1/4
    alt (*Ich bin 19 Jahre alt.*) 27 3
    am 11 1
    am (1) (*Was machst du am Wochenende?*) 49 6/4
    am (2) (*Ich wohne am Rhein.*) 50 6/5
die **Ampel**, Ampeln 79 10/2
    an (*Die Lehrerin schreibt die Wörter an die Tafel.*) 23 3/3
    andere 23 3/3
der **Anfang**, Anfänge 11 1
das **Angebot**, Angebote (*Das Hemd ist im Angebot.*) 75 9/8
    ankommen, er kommt an 80 10/3
    ankreuzen, er kreuzt an (*Kreuzen Sie an.*) 7 1/4
der Anorak, Anoraks 72 9/3
der **Anruf**, Anrufe 65 8/5
    anrufen, er ruft an 69 8/12
die **Ansage**, Ansagen 40 5/5
    anschauen, er schaut an 74 9/5
    ansehen, er sieht an 28 4/1
die **Antwort**, Antworten 11 1
    antworten, er antwortet 9 1/6
die **Anzeige**, Anzeigen 50 6/5
der **Anzug**, Anzüge 72 9/3

der **Apfel**, Äpfel 39 5/4
der Apfelsaft, Apfelsäfte 36 5/1
die **Apotheke**, Apotheken 82 10/5
die **Arbeit**, Arbeiten 58 7/5
    arbeiten, er arbeitet 47 6/2
der Arbeitstag, Arbeitstage 47 6/2
der **Arm**, Arme 62 8/1
die Armbanduhr, Armbanduhren 74 9/5
der **Artikel**, Artikel 22 3/3
der **Arzt**, Ärzte 65 8/4
die Arzthelferin, Arzthelferinnen 69 8/12
der Arzttermin, Arzttermine 68 8
    auch 15 2/3
    auf (1) (*Was ist auf dem Foto?*) 20 3/1
    auf (2) (*Wie heißt das auf Deutsch?*) 21 3/2
    auf einmal 27 3/10
    auf haben, er hat auf (*Die Apotheke hat auf.*) 82 10/5
    auf Wiederhören 65 8/5
    auf Wiedersehen 5 1/2
die **Aufgabe**, Aufgaben 72 9/3
    aufstellen, er stellt auf (*Stellen Sie sich in einer Reihe auf.*) 30 4/3
das **Auge**, Augen 62 8/1
    aus (1) (*Ich komme aus Bolivien.*) 12 2/1
    aus (2) (*Ich gehe um 7 Uhr 15 aus dem Haus.*) 47 6/2
das **Auto**, Autos 83 10/8
die Avocado, Avocados 42 5
das **Baby**, Babys 25 3/6
die **Bäckerei**, Bäckereien 56 7/3
die **Backwaren** (*Plural*) 39 5/3
der **Bahnhof**, Bahnhöfe 80 10/3
die **Banane**, Bananen 36 5/1
die Band, Bands 50 6/5
die **Bank**, Banken 83 10/6
der **Bauch**, Bäuche 62 8/1
die Bauchschmerzen (*Plural*) 64 8/3
die Baustelle, Baustellen 56 7/3
    beantworten, er beantwortet 57 7/4
der **Beginn** (*Singular*) 50 6/5
    bei 40 5/6
das **Bein**, Beine 62 8/1
das **Beispiel**, Beispiele 14 2/2
    Belgien 12 2/1
    benutzen, er benutzt 81 10/4
    berichten, er berichtet 40 5/6
    Berlin 11 1
der **Beruf**, Berufe (*Was sind Sie von Beruf?*) 54 7/1
die Berufsbezeichnung, Berufsbezeichnungen 61 7

beschreiben, er beschreibt 81 10/4
bestimmt (der bestimmte Artikel) 85 10
der Besuch, Besuche 50 6/5
besuchen, er besucht 49 6/4
der Biergarten, Biergärten 50 6/5
das Bild, Bilder 24 3/5
bilden, er bildet 48 6/3
das Bingo 46 6/1
die Birne, Birnen 41 5/7
bis (Ich arbeite bis 17 Uhr.) 47 6/2
bis dann 51 6/6
bis gleich 80 10/3
bis morgen 24 3/5
bitte (1) (Wie bitte?) 8 1/5
bitte (2) (Entschuldigen Sie bitte, …) 15 2/3
blau 75 9/7
bleiben, er bleibt (Ich bleibe heute zu Hause.) 67 8/8
der Bleistift, Bleistifte 20 3/1
die Bluse, Blusen 70 9/1
die Bohne, Bohnen 36 5/1
Bolivien 12 2/1
Bonn 58 7/5
Brasilien 12 2/1
brauchen, er braucht (Ich brauche einen Termin.) 65 8/5
braun 75 9/7
das Brot, Brote 36 5/1
der Bruder, Brüder 28 4/1
das Buch, Bücher 22 3/3
der Buchstabe, Buchstaben 23 3/4
bügeln, er bügelt 49 6/4
Bukarest 12 2/1
der Bus, Busse 83 10/7
das Café, Cafés 82 10/5
der Camembert, Camemberts 39 5/4
Casablanca 13 2/1
der Cent, Cents (Das kostet 79 Cent.) 40 5/5
der Chef, Chefs 57 7/4
die Chefin, Chefinnen 57 7/4
Chinesisch 24 3/5
die Chips (Plural) 67 8/8
Coburg 77 9
der Computer, Computer 21 3/2
da (1) (Wer spricht da?) 25 3/6
da (2) (Da ist die Post.) 81 10/4
Damaskus 26 3
die Dame, Damen 72 9/3
die Damenhose, Damenhosen 72 9/3
der Damenschuh, Damenschuhe 72 9/3
die Damenunterwäsche (Singular) 72 9/3
danach 40 5/5
der Dank (Singular) (Herzlichen Dank.) 66 8/7
danke 8 1/5
dann (1) (Acht Uhr ist zu früh. – O. k., dann um neun.) 51 6/6
dann (2) (Gehen Sie geradeaus, dann nach links.) 78 10/1
Danzig 13 2/1
Darmstadt 16 2/5
das (1) (bestimmter Artikel) 7 1/4
das (2) (Wie schreibt man das?) 8 1/5
das (3) (Die Erdbeeren kosten 3 Euro 49 das Kilo.) 41 5/7
die Daten (Plural) 17 2/6
dein 48 6/2
dem 20 3/1
den 19 2
den 38 5/3

der (1) (weiblicher Artikel im Dativ) 7 1/4
der (2) (männlicher Artikel im Nominativ) 20 3
Deutsch (1) (Wie heißt das auf Deutsch?) 21 3/2
Deutsch (2) (Ich lerne Deutsch.) 24 3/5
deutsch (3) (deutsche Küche) 50 6/5
das Deutschbuch, Deutschbücher 20 3
der Deutschkurs, Deutschkurse 20 3
Deutschland 12 2/1
das Deutschlernen (Singular) 85 10
der Dialog, Dialoge 8 1/5
die (1) (Artikel im Plural) 8 1/5
die (2) (weiblicher Artikel im Nominativ und Akkusativ) 9 1/6
die (3) (die anderen) 56 7/3
die (4) (Wo sind die Hemden? – Die sind hier rechts.) 75 9/7
die (5) (Was kosten die Hosen? – Die hier?) 75 9/8
die anderen 56 7/3
der Dienstag, Dienstage 50 6/5
diese 39 5/3
das Diktat, Diktate 7 1/4
das Ding, Dinge 20 3/1
dir (Wie geht es dir?) 63 8/2
der Donnerstag, Donnerstage 50 6/5
Dr. (= Doktor) 65 8/4
drei 14 2/2
dreißig 30 4/3
dreiundzwanzig 30 4/3
dreizehn 14 2/2
die Drogerie, Drogerien 82 10/6
du (Wie heißt du?) 24 3/5
die du-Form, du-Formen 24 3/5
der Durst (Singular) 67 8/8
duschen 47 6/2
der Ehemann, Ehemänner 28 4/1
ein 16 2/5
ein (1) (Ja, ich habe ein Kind.) 31 4/4
ein (2) (Ein Euro neunundneunzig, bitte.) 40 5/5
ein paar 73 9/4
eine (Machen Sie eine Kursliste.) 13 2/1
einen (Ich habe einen Freund.) 32 4/5
einer (Stellen Sie sich in einer Reihe auf.) 30 4/3
einfach 85 10
der Einkauf, Einkäufe 40 5/6
einkaufen, er kauft ein 40 5/5
der Einkaufswagen, Einkaufswagen 38 5/3
eins 14 2/2
der Eintritt (Singular) 50 6/5
einundfünfzig 30 4/3
einundzwanzig 30 4/3
der Elektriker, Elektriker 54 7/1
die Elektrikerin, Elektrikerinnen 60 7
elf 14 2/2
die Eltern (Plural) 28 4/1
die E-Mail-Adresse, E-Mail-Adressen 16 2/5
das Ende, Enden 50 6/5
endlich 77 9
die Endung, Endungen 11 1
der Engel, Engel 60 7
entschuldigen, er entschuldigt (Entschuldigen Sie, …) 15 2/3
Entschuldigung (1) (Entschuldigung, wo finde ich Orangensaft?) 39 5/3
die Entschuldigung (2), Entschuldigungen (eine Entschuldigung für die Schule) 66 8/7
er (Er heißt Paul.) 24 3/5

kosten, er kostet (*Was kostet der Apfel?*) 40 5/6
krank (*Wie geht's? – Schlecht, ich bin krank.*) 64 8/3
das **Krankenhaus,** Krankenhäuser 56 7/3
der **Krankenpfleger,** Krankenpfleger 55 7/1
die **Krankenschwester,** Krankenschwestern 54 7/1
die **Krawatte,** Krawatten 70 9/1
die **Kreuzung,** Kreuzungen (*Gehen Sie an der Kreuzung nach links.*) 79 10/2
Kroatien 29 4/2
die **Küche,** Küchen 50 6/5
der **Kuchen,** Kuchen 39 5/4
die **Küchenhilfe,** Küchenhilfen 56 7/3
der **Kuli,** Kulis 20 3/1
der **Kunde,** Kunden 73 9/4
die **Kundin,** Kundinnen 73 9/4
der **Kurs,** Kurse 13 2/1
die **Kursliste,** Kurslisten 13 2/1
der **Kursteilnehmer,** Kursteilnehmer 33 4/6
kurz 9 1/6
La Paz 12 2/1
der **Laden,** Läden 40 5/6
das **Land,** Länder 12 2
lang 9 1/6
langsam (*Sprechen Sie bitte langsam.*) 33 4/6
laut 23 3/3
lebendig 48 6/3
das **Lebensmittel,** Lebensmittel 36 5/1
ledig (*Ich bin nicht verheiratet, ich bin ledig.*) 32 4/5
der **Lehrer,** Lehrer 61 7
der **Lehrer,** Lehrer 65 8/4
die **Lehrerin,** Lehrerin 21 3/2
leider 43 5
leidtun, es tut leid (*Es tut mir leid, ich weiß es nicht.*) 82 10/5
lernen, er lernt 11 1
lernen, er lernt (*Ich lerne Deutsch.*) 24 3/5
die **Lernkarte,** Lernkarten 43 5
das **Lernspiel,** Lernspiele 85 10
lesen, er liest 4 1/1
lesen, er liest 80 10/3
die **Leute** (*Plural*) 56 7/3
lieb (*Liebe Kundinnen und Kunden, …*) 73 9/4
das **Lied,** Lieder 62 8/1
links 38 5/3
lösen, er löst 72 9/3
der **Löwe,** Löwen 50 6/5
machen (1), er macht (*Machen Sie eine Liste.*) 13 2/1
machen (2), er macht (*Gregori, was machst du hier?*) 24 3/5
machen (3), er macht (*Ich mache um 19 Uhr Abendessen.*) 47 6/2
machen (4), er macht (*Am Dienstag mache ich Sport.*) 50 6/5
machen (5), er macht (*Am Samstag mache ich eine Party.*) 67 8/8
machen (6), er macht (*Machen Sie Notizen.*) 81 10/4
Mach's gut! 24 3/5
malen, er malt 46 6/1
die **Mama,** Mamas 24 3/5
man (*Wie schreibt man das?*) 8 1/5
der **Mann,** Männer (*Der Mann heißt Peter.*) 25 3/6
männlich 61 7
der **Mantel,** Mäntel 70 9/1
das **Mäppchen,** Mäppchen 22 3/3
markieren, er markiert (*Markieren Sie in der Tabelle.*) 7 1/4
Marokko 13 2/1
das **Maskulinum,** Maskulina 74 9/5
der **Mast,** Mäste 37 5/2
mehr (1) (*Schreiben Sie noch mehr Wörter.*) 39 5/4

mehr (2) (*Schlafen Sie mehr!*) 66 8/6
mein (*Mein Familienname ist Müller.*) 16 2/4
meine (*Meine Telefonnummer ist …*) [*Singular*] 15 2/3
meine (*Das sind meine Eltern.*) [*Plural*] 29 4/2
die **Melone,** Melonen 40 5/6
der **Mensch,** Menschen 54 7/1
das **Menü,** Menüs 50 6/5
merken, er merkt 74 9/5
der **Meter,** Meter 80 10/3
die **Milch** (*Singular*) 36 5/1
das **Mineralwasser,** Mineralwasser 40 5/6
die **Minute,** Minuten (*Der Bus fährt alle 10 Minuten.*) 83 10/7
mir (*Papa, spielst du mit mir Fußball?*) 57 7/4
mit (*Wörter mit Artikel*) 23 3/3
mit (*Ich fahre mit dem Auto.*) 83 10/8
Mit freundlichen Grüßen 66 8/7
mitgehen, er geht mit 78 10/1
mitkommen, er kommt mit (*Kommst du mit ins Kino?*) 51 6/6
mitlesen, er liest mit 24 3/5
mitsprechen, er spricht mit 14 2/2
der **Mittag,** Mittage 46 6/1
die **Mittagspause,** Mittagspausen 47 6/2
der **Mittwoch,** Mittwoche 50 6/5
das **Mode-Kaufhaus,** Mode-Kaufhäuser 72 9/3
der **Moment,** Momente 75 9/8
der **Monat,** Monate (*Ich lerne seit 10 Monaten Deutsch.*) 58 7/5
der **Montag,** Montage 50 6/5
morgen (1) (*Bis morgen!*) 24 3/5
der **Morgen** (2), Morgen (*Am Morgen klingelt der Wecker.*) 46 6/1
morgen (3) (*Ist der Termin morgen okay?*) 69 8
müde 65 8/5
München 12 2/1
der **Mund,** Münder 62 8/1
die **Musik** (*Singular*) 49 6/4
die **Mutter,** Mütter 28 4/1
die **Mütze,** Mützen 70 9/1
na gut 57 7/4
nach (1) (*Fragen Sie nach den Preisen.*) 73 9/4
nach (2) (*Gehen Sie nach links.*) 78 10/1
nachmachen, er macht nach 62 8/1
der **Nachmittag,** Nachmittage 46 6/1
nachsprechen, er spricht nach 4 1/1
die **Nacht,** Nächte 46 6/1
die **Nähe** (*Singular*) (*Ist ein Café in der Nähe?*) 82 10/5
der **Name,** Namen 11 1
der **Name,** Namen 13 2/1
die **Nase,** Nasen 62 8/1
das **Navi,** Navis 80 10/3
nehmen, er nimmt (*Nehmen Sie Schmerztabletten!*) 66 8/6
nein (*Haben Sie Kinder? – Nein.*) 31 4/4
nett 57 7/4
neu 50 6/5
neun 14 2/2
neunundneunzig 40 5/5
neunundsiebzig 40 5/5
neunundzwanzig 30 4/3
neunzehn 14 2/2
neunzig 30 4/3
nicht (*Das weiß ich nicht.*) 21 3/2
noch (1) (*Meine Tochter ist noch klein.*) 31 4/4
noch (2) (*Sonst noch etwas?*) 41 5/7
noch einmal 17 2/6
das **Nomen,** Nomen 11 1
der **Nominativ,** Nominative 74 9/5

notieren, er notiert 37 5/2
die Notiz, Notizen (Machen Sie Notizen.) 81 10/4
die Nudel, Nudeln 36 5/1
null 14 2/2
die Nummer, Nummern (Meine Nummer ist …) 15 2/3
nummerieren, er nummeriert 33 4/6
nur 43 5
nur 57 7/4
o. k. (= okay) 51 6/6
die Oase, Oasen 50 6/5
das Obergeschoss, Obergeschosse 72 9/3
das Obst (Singular) 39 5/4
oder 8 1/5
die Öffnungszeiten (Plural) 50 6/5
oft 27 3
OG (= Obergeschoss) 72 9/3
oh (Oh!) 41 5/7
das Ohr, Ohren 62 8/1
die Ohrenschmerzen (Plural) 64 8/3
die Oma, Omas 28 4/1
der Onkel, Onkel 50 6/5
der Opa, Opas 28 4/1
der Orangensaft, Orangensäfte 39 5/3
ordnen, er ordnet (Ordnen Sie den Dialog.) 51 6/6
Österreich 27 3
das Paar, Paare (Fünf Paar Socken kosten 5 Euro 69.) 73 9/4
die Packung, Packungen (Ich kaufe eine Packung Spaghetti.) 40 5/6
Pakistan 12 2/1
die Pantomime, Pantomimen 57 7/4
der Papa, Papas 57 7/4
der Partner, Partner 81 10/4
die Partnerin, Partnerinnen 81 10/4
die Party, Partys 67 8/8
passen, er passt (Welches Foto passt?) 17 2/6
die Person, Personen 11 1
die Personalia (Plural) 18 2
das Personalpronomen, Personalpronomen 27 3
persönlich 17 2/6
die Pestalozzischule, Pestalozzischulen 66 8/7
Philippinen 19 2
die Pizza, Pizzas/Pizzen 39 5/4
die Pizzeria, Pizzerien 57 7/4
der Plan, Pläne 80 10/3
der Plural (Singular) (= Pl.) 35 4
die Pluralform, Pluralformen 73 9/3
Polen 13 2/1
Portugal 13 2/1
die Position, Positionen 48 6/3
das Possessivpronomen, Possessivpronomen 35 4
die Post (Singular) 81 10/4
die Postleitzahl, Postleitzahlen 16 2/5
das Präsens (Singular) 77 9
die Praxis, Praxen (Kommen Sie in die Praxis von Dr. Mailänder.) 65 8/4
der Preis, Preise 40 5/5
das Problem, Probleme 66 8/6
das Produkt, Produkte 41 5/7
das Programm, Programme 50 6/5
das Projekt, Projekte 32 4/P
der Pullover, Pullover 70 9/1
putzen, er putzt (die Wohnung putzen) 49 6/4
der Radiergummi, Radiergummis 20 3/1
das Radio, Radios 85 10
raten, er rät 56 7/3

rechts 38 5/3
das Regal, Regale 38 5/3
regelmäßig (regelmäßige Verben) 43 5
die Region, Regionen 50 6/5
die Reihe, Reihen (Stellen Sie sich in einer Reihe auf.) 30 4/3
der Reis (Singular) 36 5/1
das Restaurant, Restaurants 56 7/3
der Rhythmus, Rhythmen 48 6/2
richtig 8 1/5
der Rock (1) (Singular) (Ich höre Musik, Rock.) 50 6/5
der Rock (2), Röcke (Ich suche einen Rock für meine Frau.) 70 9/1
das Rockkonzert, Rockkonzerte 77 9
die Rockmusik (Singular) 50 6/5
die Rolle, Rollen (Tauschen Sie die Rollen.) 41 5/7
rot 75 9/7
die Route, Routen 80 10/3
der Rücken, Rücken 62 8/1
die Rückenschmerzen (Plural) 66 8/6
die Rückseite, Rückseiten 43 5
rufen, er ruft 46 6/1
Rumänien 12 2/1
Rüsselsheim 56 7/3
der Saft, Säfte 36 5/1
sagen, er sagt (Frau Schuster sagt: „Guten Morgen.") 6 1/3
der Salat, Salate 41 5/7
sammeln, er sammelt 36 5/1
der Samstag, Samstage 50 6/5
der Satz, Sätze 35 4
der Satzanfang, Satzanfänge 57 7/4
das Satzende, Satzenden 69 8
der Satzteil, Satzteile 83 10/7
der Schal, Schals 70 9/1
der Schatz, Schätze (Hallo, mein Schatz!) 24 3/5
schauen, er schaut (Ich schaue gern Fernsehen.) 49 6/4
das Schild, Schilder 72 9/3
schlafen, er schläft (Ich schlafe um 23 Uhr.) 47 6/2
schlecht 63 8/2
die Schmerztablette, Schmerztabletten 66 8/6
der Schnupfen (Singular) (Ich bin krank, ich habe Schnupfen.) 64 8/3
die Schokolade, Schokoladen 36 5/1
schon 58 7/5
schön 82 10/5
schreiben, er schreibt (Wie schreibt man das?) 6 1/3
der Schritt, Schritte (Schritt für Schritt) 5 1/1
der Schuh, Schuhe 70 9/1
die Schule, Schulen 66 8/7
der Schutzengel, Schutzengel 60 7
schwarz 75 9/7
die Schwester, Schwestern 28 4/1
schwimmen, er schwimmt 50 6/5
der Schwimmkurs, Schwimmkurse 50 6/5
sechs 14 2/2
sechsundzwanzig 30 4/3
sechzehn 14 2/2
sechzig 30 4/3
sehen, er sieht 50 6/5
sehr (Wie geht's? – Sehr gut, danke.) 9 1/6
sehr geehrte 66 8/7
sehr geehrter 66 8/7
sein, er ist (1) (Ich bin aus Polen.) 12 2/1
sein (2) (Das ist sein Auto.) 77 9
seit (Ich bin seit zwei Jahren in Deutschland.) 58 7/5
die Seite, Seiten 81 10/4
sich (Stellen Sie sich in einer Reihe auf.) 30 4/3

sicher (*Kommst du morgen? – Ja, sicher.*) 82 10/5
Sie (1) (*Hören Sie und lesen Sie.*) 4 1/1
sie (2) (*Hören Sie die Wörter. Sagen Sie sie laut.*) 23 3/3
sie (3) (*Das ist Anna und sie kommt aus Deutschland.*) 25 3/6
sie (4) (*Ich habe drei Kinder. – Wie alt sind sie?*) 31 4/4
sieben 14 2/2
siebenundzwanzig 30 4/3
siebzehn 14 2/2
siebzig 30 4/3
der Singular (*Singular*) 39 5/4
der Sinn, Sinne 53 6
die SMS, SMS 51 6/6
    so (1) (*So schreibt man das.*) 23 3/4
    so (2) (*Es geht mir nicht so gut.*) 63 8/2
    so (3) (*Wo steht so ein Schild?*) 72 9/3
die Socke, Socken 73 9/4
    sofort (*Kommen Sie sofort!*) 66 8/6
der Sohn, Söhne 28 4/1
der Sommer, Sommer 75 9/7
das Sommerkleid, Sommerkleider 73 9/4
der Sommerrock, Sommerröcke 73 9/4
das Sonderangebot, Sonderangebote 73 9/4
der Sonntag, Sonntage 50 6/5
    sonst (*Sonst noch etwas?*) 41 5/7
die Spaghetti (*Plural*) 40 5/6
    spanisch 50 6/5
    spielen (1), er spielt (*Spielen Sie im Kurs.*) 5 1/2
    spielen (2), er spielt (*12 Bands spielen Rockmusik.*) 50 6/5
der Sport (*Singular*) 50 6/5
die Sportbekleidung (*Singular*) 72 9/3
der Sportschuh, Sportschuhe 75 9/8
die Sprache, Sprachen 23 3/4
    sprechen, er spricht 12 2/1
die Sprechzeiten (*Plural*) (*die Sprechzeiten vom Arzt*) 65 8/4
die Stadt, Städte 12 2
der Stadtplan, Stadtpläne 81 10/4
das Stadtviertel, Stadtviertel 16 2/4
    stark (*Ich habe starke Kopfschmerzen.*) 66 8/6
    stehen (1), er steht (*Das Verb steht am Satzanfang.*) 61 7
    stehen (2), er steht (*Wo steht das Schild?*) 72 9/3
die Stelle, Stellen 28 4/1
der Stiefel, Stiefel 70 9/1
der Stift, Stifte 23 3/4
    stimmen, er stimmt 78 10/1
der Stock, Stöcke 72 9/3
die Straße, Straßen 16 2/5
die Straßenbahn, Straßenbahnen 83 10/7
der Strumpf, Strümpfe 70 9/1
das Stück, Stücke 40 5/6
der Stuhl, Stühle 20 3
das Subjekt, Subjekte 19 2
    suchen, er sucht (*Ich suche ein Geschenk.*) 72 9/3
    super 51 6/6
der Supermarkt, Supermärkte 38 5/3
die Tabelle, Tabellen 7 1/4
die Tafel, Tafeln 20 3
das Tafelwischen (*Singular*) 23 3/3
der Tag, Tage 46 6
    täglich 50 6/5
die Tasse, Tassen 21 3/2
    tauschen, er tauscht 29 4/2
der Taxifahrer, Taxifahrer 54 7/1
die Taxifahrerin, Taxifahrerinnen 55 7/1
der Tee, Tees 36 5/1

Tel. (= *Telefonnummer*) 16 2/5
das Telefax (*Singular*) 65 8/4
das Telefon, Telefone 65 8/4
die Telefonnummer, Telefonnummern (*Wie ist Ihre Telefonnummer?*) 15 2/3
der Termin, Termine 65 8/5
    teuer 75 9/8
der Text, Texte 66 8/7
    Thailand 12 2/1
das Theater, Theater 50 6/5
das Theaterstück, Theaterstücke 50 6/5
das Ticket, Tickets 77 9
das Ticket-Office, Ticket-Offices 77 9
das Tiefkühlprodukt, Tiefkühlprodukte 39 5/3
der Tipp, Tipps 27 3
der Tipp, Tipps 66 8/6
der Tisch, Tische 20 3
die Tochter, Töchter 28 4/1
die Toilette, Toiletten 72 9/3
die Tomate, Tomaten 40 5/6
    tragen, er trägt (*Ich trage heute eine Hose und einen Pullover.*) 74 9/5
der Trainingsplan, Trainingspläne 50 6/5
    trinken, er trinkt (*Was trinkst du gerne?*) 37 5/2
    tschüs 5 1/2
das T-Shirt, T-Shirts 70 9/1
    tun, er tut (*Was kann ich für Sie tun?*) 65 8/5
    Türkei 12 2/1
die U-Bahn, U-Bahnen 83 10/7
    üben, er übt 5 1/1
    über (*Schreiben Sie über sich.*) 56 7/3
    übersetzen, er übersetzt 11 1
die Uhr (1), Uhren (*Das ist die Uhr.*) 22 3/3
    Uhr (2) (*Wie viel Uhr ist es?*) 46 6/1
    Uhr (3) (*Es ist 22 Uhr.*) 46 6/1
die Uhrzeit, Uhrzeiten 46 6/1
das Uhrzeitenbingo (*Singular*) 46 6/1
    um (*Ich frühstücke um 6 Uhr 30.*) 47 6/2
    unbestimmt (*unbestimmte Artikel*) 85 10
    und 4 1/1
    unregelmäßig 43 5/10
    unser 50 6/5
    unter (*Informieren Sie sich unter 07271-88089.*) 50 6/5
das Unterhemd, Unterhemde 73 9/4
die Untertitel (*Plural*) 85 10
der Vater, Väter 28 4/1
die Verabredung, Verabredungen 51 6/6
das Verb, Verben 11 1
    verbinden, er verbindet 62 8/1
    verheiratet 32 4/5
der Verkäufer, Verkäufer 41 5/7
die Verkäuferin, Verkäuferinnen 54 7/1
das Verkehrsmittel, Verkehrsmittel 83 10/7
    verschieden 40 5/6
    verstehen, er versteht 43 5/11
    verstehen, er versteht 67 8/8
    verwenden, er verwendet 83 10/8
    viel 77 9
    vielleicht 71 9/2
    vier 14 2/2
    vierundneunzig 30 4/3
    vierundzwanzig 30 4/3
    vierzehn 14 2/2
    vierzig 30 4/3

Quellenverzeichnis

Fotos, die im Folgenden nicht aufgeführt sind: Annalisa Scarpa-Diewald

S. 7   1: OBI; 2: FC Bayern, Bayer Leverkusen

S. 12   A: Shutterstock.com; B: Shutterstock.com AVAVA; C: Shutterstock.com munchkinmoo; D: iStockphotos Francisco Romero

S. 14   A: Shutterstock.com Ariwasabi; B: Shutterstock.com ifong; C: Shutterstock.com Patrick; D: pixelio.de Corinna Dumat

S. 24   Shutterstock.com

S. 28   Maria, Ava, Miguel, Claudia: Shutterstock.com; Julio: iStockphotos Jordan Chesbrough; Gonzalo: iStockphotos; Manuel: pixelio R. Krautheim; Alina: Langenscheidt Archiv; Pepo: Shutterstock.com Losevsky Pavel

S. 29   A, B: Shutterstock.com Rob Marmion; C: Shutterstock.com Jeanne Hatch; D: Shutterstock.com Arts

S. 32   iStockphotos Juan Estey

S. 36   1: Fotolia Waratka; 2, 6, 8, 13: Shutterstock.com; 3: pixelio.de Rainer Sturm; 4: Fotolia Marzia Giacobbe; 5: Fotolia felinda; 7: Shutterstock.com Petoo; 9: pixelio.de Jakob Ehrhardt; 10: Shutterstock.com digieye; 11: pixelio.de Dieter Schütz; 12: Fotolia yamix; 14: Shutterstock.com Bomshtein; 15: Fotolia Inga Nielsen; 16: pixelio.de W. R. Wagner

S. 40   Eier: pixelio.de W. R. Wagner; H-Milch: pixelio.de Andreas Morlok; Spaghetti: pixelio.de Maren Beßler; Pizza: Shutterstock.com; Rindfleisch: pixelio.de W. R. Wagner; Tomatenmark: pixelio.de Birgit H.; Mineralwasser Shutterstock.com Evgeny Karandaev; Äpfel: pixelio.de Viktor Mildenberger; Kaffee: pixelio.de Grey59

S. 41   Shutterstock.com Corepics VOF

S. 46   pixelio.de Michael Hirschka

S. 49   A: Shutterstock.com Brian A Jackson; B: Shutterstock.com StockLite; F: Shutterstock.com; G: pixelio.de Conny B.

S. 50   A: pixelio.de Julien Christ; B: pixelio.de Lorenz Rings; C: Fotolia Shock; D: pixelio.de Rainer Sturm; E: pixelio.de ro18ger; F: pixelio.de Paul-Georg Meister

S. 51   pixelio.de Rainer Sturm; Handys: Shutterstock.com

S. 54   A, B: Shutterstock.com; C: Fotolia contrawerkstatt; D, E: Fotolia Dron; F, G, I: Fotolia; H: corbis RF

S. 55   A, B, C: Fotolia

S. 56   A: Fotolia blue eye; B: Shutterstock.com; C: Fotolia; D: Shutterstock.com Marcin Balcerzak; E: Shutterstock.com david n madden; F: Fotolia Uwe Annas

S. 58   Shutterstock.com

S. 63   oben A: Shutterstock.com PeJo; B: iStockphotos Catalin Petolea; C: iStockphotos Jason Lugo

S. 65   Shutterstock.com Laurent Hamels

S. 66   A, B, C, D: Fotolia; Dr. Mailänder: Shutterstock.com dasilva

S. 70   A, B, C, D, E: Shutterstock.com; F: Fotolia

S. 71   oben: Shutterstock.com

S. 72   Shutterstock.com

S. 73   Socken, Winterjacke, Stiefel: Fotolia; Unterhemd, Jeans, Wintermütze, Sommerrock, Sommerkleid, Freizeitbluse: Shutterstock.com

S. 83   Bus: pixelio.de Rudolpho Duba; U-Bahn: Shutterstock.com; Zug: corel2 Scenic Austria; S-Bahn: pixelio.de Peter von Bechen

S. 91   Shutterstock.com Supri Suharjoto

S. 94   siehe Seite 28

S. 96   siehe Seite 36; Butter: pixelio.de Andreas Morlok

S. 97   Fotolia

S. 98   Fotolia

S. 99   siehe Seite 36

S. 102   siehe Seite 54

S. 103   Shutterstock.com

S. 105   Shutterstock.com Marcin Balcerzak

S. 106   Shutterstock.com

S. 109   Stephan Barz